KB082091

3 조선 시대

그림 이량덕

성신여자대학교와 대학원에서 시각디자인을 공부했다. 서정적인 감성과 세련된 색감, 콜라주와 전통 문양 등을 이용한 독특한 화법으로 자신만의 독특한 그림 스타일을 보여 주면서 주목받고 있다. 그린 책으로는 《버럭 아빠와 지구 반 바퀴》《세상을 바꾼 위대한 책벌레들1, 2》《나는야 미생물 요리사》《눈사람이 엄마를 데려갔어요》《맛의 거리》《떴다! 지식 탐험대》《한글을 지킨 사람들》 등 여러 권이 있다.

역사 교과서 집필진이 쉽게 풀어 주는

술술 한국사 ❸ 조선 시대

1판 1쇄 발행 | 2015. 1. 5.
1판 9쇄 발행 | 2024. 9. 1.

김주희 글 | 이량덕 그림 | 정호섭 감수

발행처 김영사 | **발행인** 박강휘
등록번호 제 406-2003-036호
등록일자 1979. 5. 17.
주소 경기도 파주시 문발로 197(우10881)
전화 마케팅부 031-955-3100 편집부 031-955-3113~20
팩스 031-955-3111

값은 표지에 있습니다.
ISBN 978-89-349-6920-4 44900
978-89-349-6917-4 (세트)

좋은 독자가 좋은 책을 만듭니다. 김영사는 독자 여러분의 의견에 항상 귀 기울이고 있습니다.
전자우편 book@gimmyoung.com | 홈페이지 www.gimmyoungjr.com

이 도서의 국립중앙도서관 출판시도서목록(CIP)은 서지정보유통지원시스템 홈페이지(http://seoji.nl.go.kr)와
국가자료공동목록시스템(http://www.nl.go.kr/kolisnet)에서 이용하실 수 있습니다. (CIP제어번호 : CIP2014028456)

일러두기

1. 책 속에 들어간 인용문은 원문을 최대한 살리는 것을 원칙으로 하되, 읽고 이해하는 데 어려움이 있는 부분은 현대적 표현으로 바꾸어 실었습니다.
2. 찾아보기는 내용상 중요한 단어들로 뽑았으며, 본문에서도 색글자로 강조했습니다(단 중복해서 나오는 단어는 처음 한 번만 강조).
3. 어려운 용어나 덧붙여 설명할 내용이 있는 단어 앞에 •를 표기했습니다.

역사 교과서 집필진이 쉽게 풀어 주는

술술 한국사

3 조선 시대

김주희 글 | 이량덕 그림 | 정호섭 감수

주니어김영사

| 추천사 |

가장 뜨거운 화두인
한국사

한국사는 오늘날 영토 갈등, 역사 왜곡 등 세계 여러 나라와 얽힌 이해관계 및 국내외의 정세와 맞물려 한층 그 중요성이 강조되고 있습니다. 또 얼마 전에는 '한국사 교과서 국정 교과서화' 논란이 다시 일기도 했지요. 이에 교육 현장에서는 올바른 역사 교육을 통한 역사 바로 세우기에 대한 관심이 높아지고, 구체적인 대책을 마련해 역사 교육을 강화하려는 방침을 세우고 있습니다. 2017학년도 수능부터 모든 수험생이 필수적으로 한국사를 응시하도록 하면서, 한국사의 중요성은 더욱 증대되고 있는 실정입니다. 더불어 강화된 정책만큼 한국사를 어떻게 가르치고 공부해야 하는지에 대한 교육 현장의 고민도 늘어나고 있습니다.

우리나라 사람들이 역사에 가장 관심을 갖는 시기는 학창 시절입니다. 요즘은 초등학교 고학년부터 역사를 배웁니다. 그러다가 중학교 때 다시 배우기 시작하는 《역사 1》은 초등학교 역사에 비해 훨씬 어렵습니다. 정보량이 갑자기 폭발적으로 늘어나기 때문입니다.

〈역사 교과서 집필진이 쉽게 풀어 주는 술술 한국사〉(이하 〈술술 한국사〉) 시리즈는 변화하는 역사 교육의 소용돌이 속에서 든든한 안내자 역할을 하며 다년간 교육 현장에서 역사 교육에 종사해 온 전문가들에 의해 기획되었습니다. 청소년의 수준을 고려해 쉽고 흥미롭게 한국사를 접할 수 있도록 내용을 선별하고 친절하게 서술하는 데 온힘을 쏟았기 때문에 어려워지는 한국사 수업에 침착하게 대처할 수 있게 합니다. 따라서 〈술술 한국사〉 시리즈는 수능시험에서 필수 과목으로 한국사에 응시해야 하는 현재의 중·고등학생들을 위해서라도 반드시 필요한 책이라고 생각합니다.

감수를 맡으면서 검토해 본 결과, 〈술술 한국사〉의 최대 장점은 최신 교과 과정과 이후 교과 개편 방향을 반영하면서도 술술 읽히도록 자연스럽게 풀어냈다는 점입니다. 암기식 학습으로 한국사에 흥미를 잃은 청소년들을 위한 반복 학습용으로 손색이 없다고 생각합니다. 특히 이 시리즈는 어느 한쪽으로 치우치지 않고 인물, 정치, 문화, 대외 관계 등을 흐름 속에서 파악할 수 있게 하는 한편, 내용의 흐름을 방해하지 않는 수준의 다양한 사진과 자료, 도표 등으로 내실을 강화했고, 중·고교 교과 이후에 알아도 될 정보는 과감히 빼, 기존의 초등학생들을 위한 흥미 위주의 역사서와 성인을 위한 난해한 역사 교양서의 중간 다리가 되어 줄 것입니다.

이 책의 또 다른 특징은 근현대사에 대한 비중을 높였다는 점입니다. 개항기와 일제 강점기를 전공한 저에게는 청소년 대상 근현대사 교육이 강화되는 것이 바람직하다고 생각합니다. 기존의 한국사 도서들은 조선 후기까지의 역사만 자세하게 다룰 뿐 근현대사의 미묘한 부분을 제외시키거나 간략하게 언급하고 넘어가는 정도였지만, 〈술술 한국사〉는 청소년들의 바른 알 권리를 위해 근현대사를 세 권의 분량으로 다루고 있는 점이 눈에 띕니다.

〈술술 한국사〉의 저자들은 교과서를 집필하고 실제 현장에서 역사 교육에 몸담고 있는, 이미 이 분야에서 실력을 검증받은 분들입니다. 아무쪼록 〈술술 한국사〉가 역사에 대한 학습 도우미를 넘어 청소년들의 역사관을 바로 세우는 데 일조할 것을 기대합니다.

감수자 대표 한철호

흐름으로 따라가는 조선 시대

조선 시대는 각종 매체의 사극에서 이야기의 배경으로 자주 등장해 한국사에 익숙하지 않은 청소년들도 그리 생소해하지 않는 시대입니다. 하지만 처음부터 끝까지 제대로 알고 있는지는 확신하기 어렵습니다. 이렇듯 한국사가 쉽지 않은 청소년들을 위해 《술술 한국사》 3권에서는 조선(건국부터 철종임금까지) 시대를 통틀어 살펴보고자 합니다.

먼저 조선이 유교적 통치 질서를 확립하고 나라의 기틀을 세우는 과정으로 시작해 왜란과 호란의 시련을 겪으며 통치 체제를 새롭게 정비하는 모습을 이야기합니다. 합리적인 수취 제도를 마련하기 위해 노력한 조선 정부를 중심으로 도약하며 변화하는 조선 경제의 변화상도 담았지요. 또 지배층으로서 각종 특권을 누리던 양반에서부터 최하층민인 천민에 이르기까지, 다양한 신분에 따른 조선 백성의 생활 모습을 비교해 보았습니다. 마지막으로 성리학적 기반 위에 세워진 조선의 학문 경향과 과학적 성과 그리고 경제 발전과 함께 나타난 서민 문화의 면모 등에 대해서도 상세하게 다루었습니다.

교단에 서서 역사를 가르치는 교사로서 우리 학생들의 눈높이에서 꼭 알아야 할 내용이 무엇일까 많은 고민을 했습니다. 개정된 교육 과정을 바탕으로 의미가 분명하면서도 쉽게 전달될 수 있도록 표현 하나하나에도 신경을 썼습니다.

독립운동가이자 사학자인 단재 신채호 선생은 '역사를 잊은 민족에게 미래는 없다.'라고 말했습니다. 오늘날 세계열강들이 역사를 왜곡하고 그것을 바탕으로 다른 나라의 영토를 넘보는 일이 비일비재하게 일어나고 있습니다. 이러한 상황에서 우리는 우리의 역사를 올바르게 알고 그것을 지켜나가기 위해 노력해야 할 것입니다. 더불어 오래전부터 우리 조상들이 세계 여러 나라와 영향을 주고받았던 것처럼 세계로 뻗어나가야겠지요. 그런 의미에서 우리 역사가 어떻게 흘러왔는지 그 흐름을 아는 것은 매우 중요한 일이라고 할 수 있습니다. 이 책은 청소년 독자를 대상으로 간략하게 풀어 썼기 때문에 학교 수업 전후에 흐름을 정리하거나 내용을 참고하는 용도로 활용하기에 적합합니다. 물론 역사 수업과 무관하게 상식 수준의 역사를 접하는 데에도 도움이 되리라 생각합니다.

자료를 읽고 글을 다듬는 과정이 쉽지 않았지만, 이 책을 읽을 독자들을 상상하며 즐겁게 작업했습니다. 열린 마음으로 역사를 가까이에 두고 계속해서 접하는 과정에서 독자들에게도 역사를 해석하는 자신만의 안목, 즉 '사관(史觀)'이 생기길 바랍니다.

김주희

| 차 례 |

경제 정책과 경제생활의 변화

신분 질서와 생활의 변화

5장 양반 문화의 발달과 문화의 새 경향

水
金
土
火
木

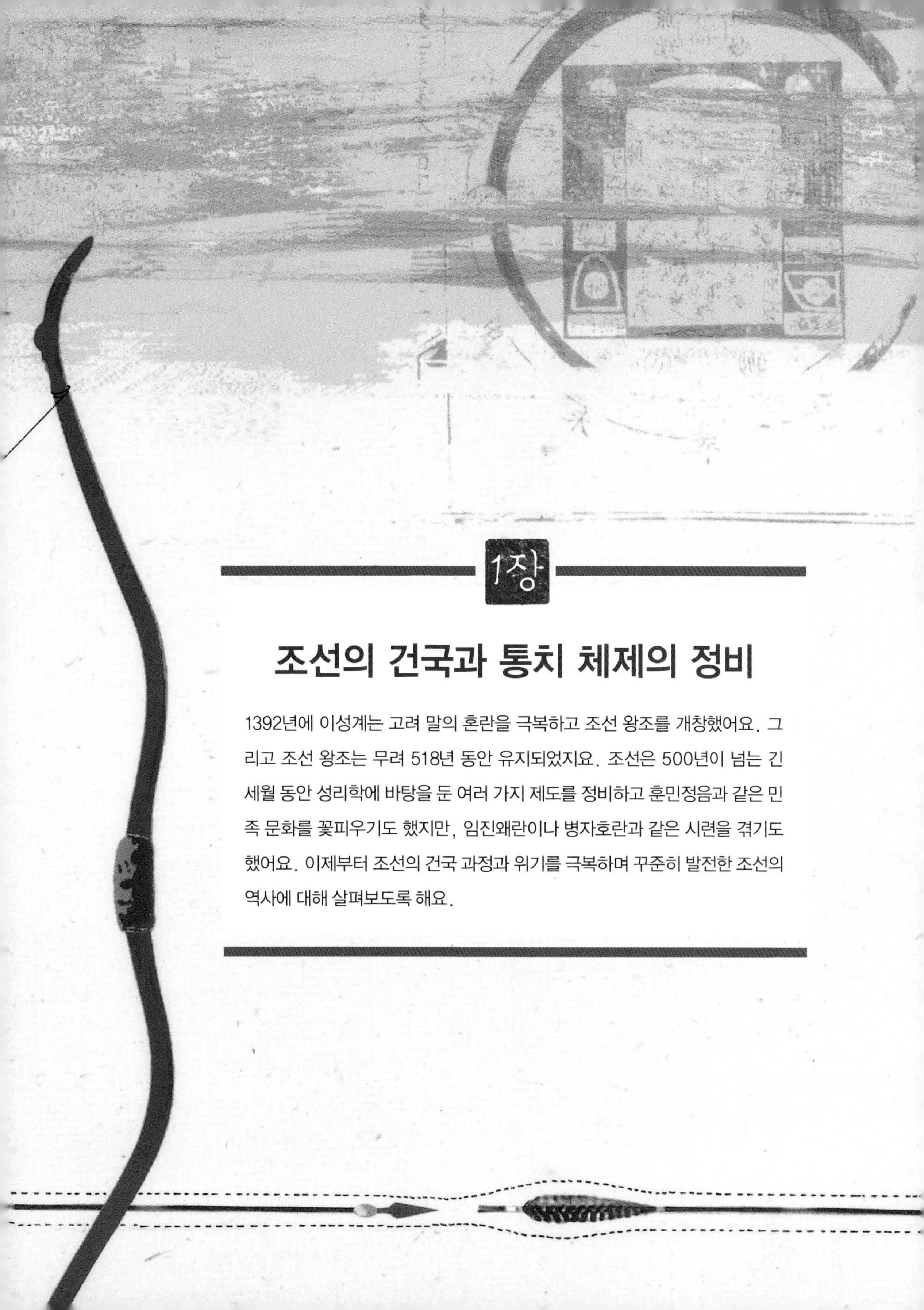

1장

조선의 건국과 통치 체제의 정비

1392년에 이성계는 고려 말의 혼란을 극복하고 조선 왕조를 개창했어요. 그리고 조선 왕조는 무려 518년 동안 유지되었지요. 조선은 500년이 넘는 긴 세월 동안 성리학에 바탕을 둔 여러 가지 제도를 정비하고 훈민정음과 같은 민족 문화를 꽃피우기도 했지만, 임진왜란이나 병자호란과 같은 시련을 겪기도 했어요. 이제부터 조선의 건국 과정과 위기를 극복하며 꾸준히 발전한 조선의 역사에 대해 살펴보도록 해요.

조선 왕조의 개창

"말 머리를 돌려라!"

이성계는 부하들에게 개경으로 돌아갈 것을 명령했어요. 압록강 하류의 위화도에 들어섰을 때였지요. 명나라와 전쟁을 치르기 위해 랴오둥(요동)으로 떠났던 이성계에게 무슨 일이 있었던 걸까요?

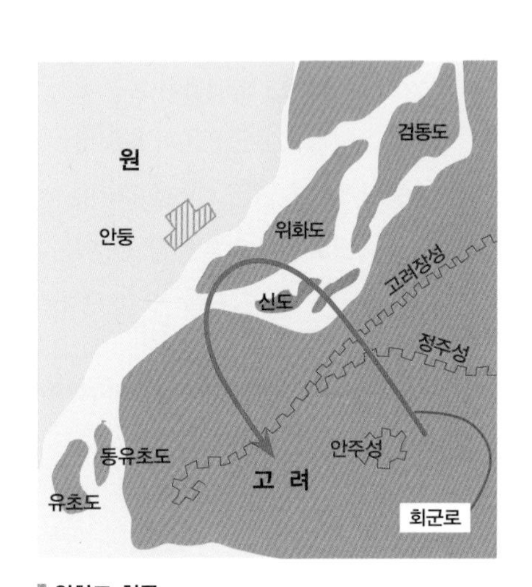

위화도 회군

원나라를 북쪽 몽골 고원으로 쫓아 버리고 중원을 다시 차지한 명나라는 고려와 원만한 관계를 유지했어요. 하지만 어느 정도 안정을 찾자 옛 원나라 땅을 돌려 달라며, 철령 이북 지방에 명나라의 통치 기구를 설치하겠다고 통보해 왔지요. 철령 이북 지방은 함경도와 강원도 경계에 있는 땅으로, 공민왕 때 무력으로 되찾은 곳이었지요. 명나라의 일방적인 행동에 조정의 의견이 분분한 가운데 당시 고려의 왕이었던 우왕은 명나라와 전쟁을 치르기로 결정했어요. 우왕은 최영에게 팔도 도통사라는 벼슬을 내리고 전국의 병력을 총괄해 랴오둥 정벌을 지휘하도록 했어요. 이성계는 이 전쟁을 반대했지만 왕의 명령에 따라 우군 도통사의 신분으로 명나라를 향해 출발해야 했지요. 이성계는 랴오둥으로 출발하기 전에 네 가지 이유로 전쟁을 반대했어요. 하지만 최영 등에 의해 묵살되어 전장을 향해 떠났지만, 결국 위화도에서 군대를 돌렸지요. 이를 '위화도 회군'이라고 해요.

"지금 군사를 내는 데에 네 가지 불가한 것이 있으니, 작은 나라로서 큰 나라를 거스르는 것이 첫 번째요, 여름에 군사를 출동시키는 것이 두 번째요, 온 나라가 멀리 정벌을 하면 왜적이 빈틈을 타서 침입할 터이니 이것이 세 번째요, 때가 무덥고 비가 오는 시기라서 활에 아교가 녹아 풀어지는 것과 대군이 전염병에 걸릴 것이 네 번째 이유입니다."

이성계가 주장한 4대 불가론은 랴오둥 정벌의 현실적인 어려움과 함께 고려 말기에 정치적 갈등이 얼마나 격렬했는지도 보여 주고 있어요. 이성계는 위화도 회군을 통해 집권 세력을 과감하게 교체하고 자신이 직접 정치적 실권을 잡는 한편, 고려 사회의 혼란을 수습할 개혁을 실시하고자 했어요. 개경으로 돌아온 이성계는 우왕을 쫓아내고 창왕과 공양왕을 차례로 허수아비 왕으로 세웠어요. 고려에 개혁이 필요하다는 사실에는 찬성하지만, 고려 대신 새로운 왕조를 세우는 •역성혁명에는 동의하지 않았던 정몽주 등 온건한 성향의 신진 사대부들

역성혁명 왕조가 바뀌는 일

태조 이성계(1335~1408) 조선의 제1대 왕으로 재위 기간은 1392~1398년이다.

도 제거했지요. 그리고 1392년 7월 17일에 이성계는 마침내 스스로 새 왕조의 왕이 되었어요.

조선 왕조의 개창은 고려 말의 사회 변동과 밀접한 관련이 있어요. 공민왕이 통치하던 시기의 고려는 원나라의 간섭에서 벗어나기 위한 반원(反元) 운동이 한창이었어요. 성리학을 따르는 신진 사대부가 성장하는 한편, 홍건적의 침입을 막고 왜구를 무찌르는 과정에서 이성계와 같은 신흥 무인 세력이 힘을 얻었지요. 그러나 한편에서는 고려 후기의 지배 세력이던 권문세족이 여전히 친원 정책을 주장했고, 국가의 재정은 날로 어려워졌어요. 농민들은 지배층의 수탈과 왜구의 노략질로 고통받았지요. 이처럼 고려 말기는 매우 혼란스러웠어요. 이때 신진 사대부와 신흥 무인 세력이 어수선한 상황을 수습하기 위해 손을 맞잡았어요.

> 나라 이름은 그대로 고려라 하고, 의장과 법제는 한결같이 고려의 고사(古事)를 따른다.

국왕의 자리에 오른 태조 이성계는 즉위 교서에서 새로운 나라의 이름에 대해 위와 같이 밝혔어요. 하지만 급격한 변화가 어느 정도 마무리된 뒤 '조선'이라는 새로운 국호를 제정했지요. 태조의 고향인 함경도 영흥의 옛 이름인 '화녕' 또한 유력한 후보였으나, 결국은 '조선'으로 결정되었어요. 새로운 국호는 고조선을 계승하겠다는 뜻을 담고 있었는데, 이는 백성들의 마음을 하나로 모으는 데 도움이 되었어요. 고려가 고구려의 영광을 계승한다는 뜻으로 국호를 정한 것과 달리 조선은 옛 고구려·백제·신라 출신 사람들 모두가 자신들의 공통된 뿌리로 인정하는 고조선을 계승하려 했기 때문이에요.

> 한양으로 도읍을 옮기면, 사방의 바다로부터 신령한 물고기들이 한강으로 모여들고 한강의 어룡들이 사방으로 뻗어 나가며, 나라 안팎의 상인들이 보배를 갖다 바치는 세계의 중심 국가가 된다.
>
> – 김위제

김위제는 우리나라 풍수지리설의 대가인 도선의 후계자로, 고려 말 충숙왕 때부터 개경에서 한양으로 도읍지를 옮기자고 강력히 주장했어요.

한양은 한반도의 중앙에 위치해 있고 한강과 기름진 김포평야를 끼고 있어 일찍부터 한양을 차지하려는 경쟁이 그치지 않았어요. 삼국 시대에는 한강 유역을 차지하기 위해 삼국이 치열한 싸움을 벌이기도 했지요. 위례성, 한산, 남경 등 삼국 시대부터 불려 온 명칭만 해도 열 가지가 넘는데, 우리에게 익숙한 '한양'도 그중 하나랍니다. 태조는 한양을 수도로 삼고 공식적인 이름을 한성부라고 지었지요. 1394년에 새 왕조의 도읍지로 결정된 이래 한양은 오늘날까지 우리나라의 수도로 지정되어 있어요.

이곳이 얼마나 중요한 지역이었는지는 삼국이 한강 유역을 차지했던 시기와 각국의 전성기가 딱 맞아떨어진다는 사실만 보더라도 잘 알 수 있어요. 고려 시대에 들어서는 풍수지리설에 따라 한양을 명당으로 지목하고 보다 큰 도시로 발

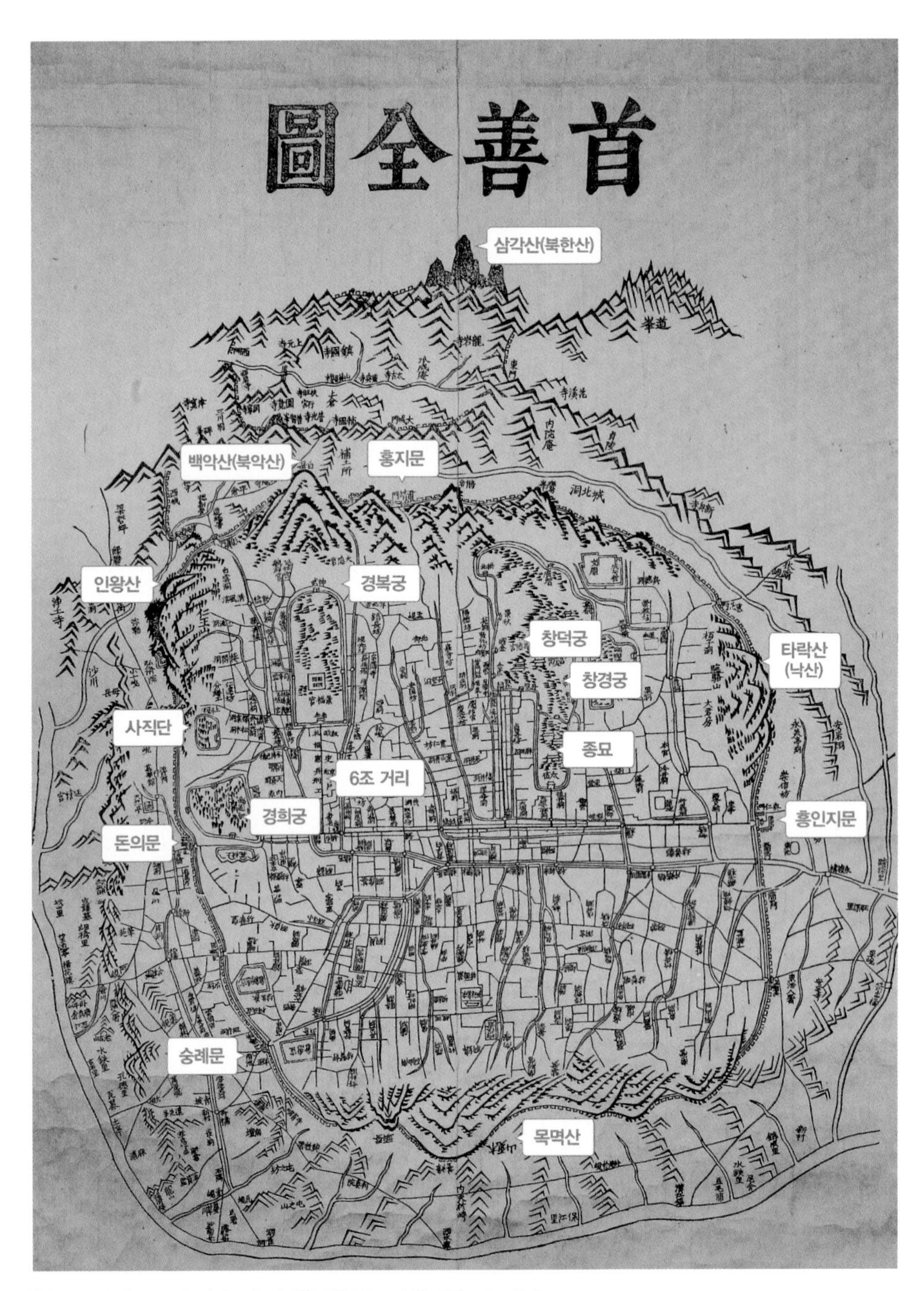

〈수선 전도〉 1824년 김정호가 제작한 한양의 모습을 담은 지도이다.

전시키려는 움직임이 일어났어요. 문종 때는 한양을 남경으로 승격시켜 도시화를 추진했고, 숙종 때는 궁궐을 짓고 왕이 여러 달씩 머무르기도 했지요.

하지만 태조가 처음부터 한양을 조선의 수도로 지목한 것은 아니었어요. 태조가 풍수지리설에 정통한 무학 대사에게 새로운 도읍지를 물색하게 했는데, 무학 대사가 오늘날의 충남 계룡산 등지를 유력한 후보지로 지목했거든요. 하지만 한양은 한강을 끼고 있어 수로를 이용한 교통이 매우 편리했을 뿐 아니라 높은 산을 병풍처럼 둘러 그 자체로 천혜의 요새였어요. 게다가 옛 삼국의 문화가 골고루 스며들어 지방색이 가장 적은 곳이기도 했고요. 이러한 요건들로 인해 사람과 물산을 모으는 데 유리했던 한양은 결국 조선 왕조의 도읍으로 지정되었어요. 조선 초기에 왕위 계승권을 둘러싸고 태조의 아들들이 벌인 1차 왕자의 난 이후 정종이 잠시 개경으로 수도를 옮겨 동요하는 민심을 수습하고자 한 일이 있었지만, 태종이 왕이 된 후 한양은 다시 조선의 수도가 되었어요.

한양 건설의 총 책임자이자 성리학자인 정도전은 유교의 기본적인 예의와 제도를 담고 있는 《주례》에 따라 도시를 설계했어요. 정도전은 한양을 통해 조선이 유교 국가임을 상징적으로 표현하려 했지요. 예(禮)를 드높이는 숭례문, 인(仁)을 흥하게 하는 흥인지문, 의(義)를 도탑게 하는 돈의문, 지(智)를 넓히는 홍지문 등 한양에 세워진 관문들의 이름만 보더라도 한양을 포함한 조선 전체를 운영하는 기본 원리가 유교의 성리학에 바탕을 두고 있다는 사실을 알 수 있답니다.

이러한 과정을 거치며 나라의 기틀을 잡은 조선은, 이후 통치 체제를 다듬고 보다 정교한 사회 질서를 확립해 나갔어요.

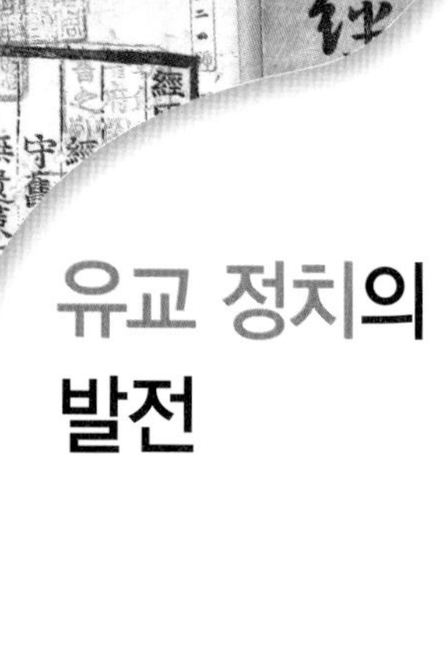

유교 정치의 발전

처음에 조선은 고려의 제도를 계승했어요. 하지만 시간이 흐르면서 정치는 물론, 경제·사회·문화의 각 방면에서 조선 나름의 독특한 제도를 정립해 나갔지요. 새로운 체제의 바탕에는 성리학의 이념이 흐르고 있었어요. 성리학은 새로운 지배자들에게 백성이 나라의 근본이라는 민본 이념을 심어 주었지요.

유교 사상의 한 갈래로 •격물치지를 중시하는 성리학은 고려 말에 원나라를 통해 우리나라로 들어왔어요. 조선을 건국한 고려의 신진 사대부는 구세력인 권문세족과 결탁해 있던 불교를 멀리하며 유교 정치를 강력히 주장했어요. 그런 이유로 조선 초기에 시행된 모든 개혁은 유교 정치의 실현이라는 하나의 목표를 향하고 있었답니다.

정도전은 조선 왕조 개창에 주도적으로 참여한 급진적 성향의 신진 사대부로,

격물치지(格物致知) 실제 사물의 이치를 연구해 지식을 완전하게 함

유교 원리에 따라 한양을 건설하고자 했던 인물이에요. 조선 왕조의 설계사로 불리는 정도전은 한양뿐 아니라 조선 왕조의 기틀을 마련하는 데도 크게 이바지했지요.

《불씨잡변》은 1398년에 정도전이 집필한 책으로, 정도전은 이 책에서 불교 교리의 오류를 지적하고 부처의 가르침을 비판했어요. 이는 불교에 대한 올바른 이해를 바탕으로 한 비판이 아니라 유교적인 편견에서 비롯한 것이었지요. 하지만 정도전의 불교에 대한 비판적인 생각은 당시의 지식인들 사이에 널리 퍼져 자리잡게 되었답니다.

정도전은 불교에 대한 대안으로 성리학적 통치 규범을 제시했어요. 덕분에 고려 시대에는 정치 분야에만 한정되어 있던 유교 이념이 조선에 와서는 국가의 모든 분야를 지배하는 유일한 통치 이념이 되었지요. 정도전은 유교적 통치 제도의 기반을 마련하고자 조선의 정치 조직에 대해 구상한 《경제문감》과 법전인 《조선경국전》 등을 저술했어요. 《조선경국전》은 **성종** 15년에 완성된 조선의 기본 법전인 《**경국대전**》의 바탕이 되었지요.

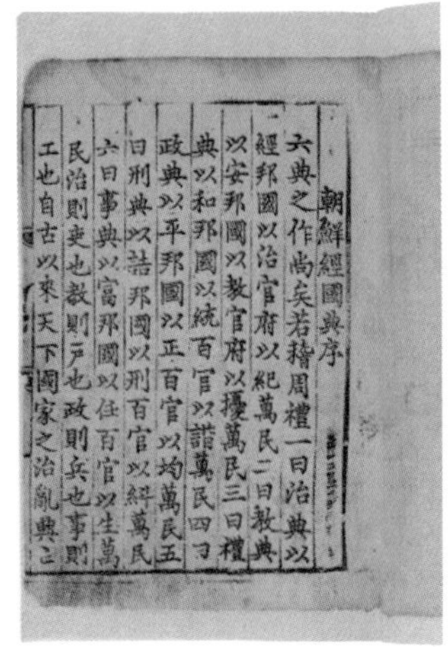
朝鮮經國典序
六典之作尚矣若稽周禮一曰治典以
經邦國以治官府以紀萬民二曰教典
以安邦國以教官府以擾萬民三曰禮
典以和邦國以統百官以諧萬民四曰
政典以平邦國以正百官以均萬民五
曰刑典以詰邦國以刑百官以糾萬民
六曰事典以富邦國以任百官以生萬
民治則吏也教則戶也政則兵也事則
工也自古以來天下國家之治亂典

《조선경국전》 정도전이 태조 3년에 지은 법전이다.

성리학을 중심으로 조선을 만들어 가던 사람들은 옛 제도와 의례에 대해 큰 관심을 보였어요. 새로운 것을 갖추기 위해서는 옛것을 돌아보는 과정이 반드시 필요했기 때문이에요. 이를 위해 **의례상정소**와 같이 유교의 예 체계를 전담하는 기구가 설치되기도 했지요.

태조의 다섯째 아들이었던 방원은 정도전을 비롯한 개국 공신과 어린 세자를 제거하고 스스로 왕위에 올라 태종이 되었어요. 이를 **왕자의 난**이라고 해요. 태종은 왕위를 차지하기 위해 물불을 가리지 않았지만, 유교 원리만은 정치의 근본으로 삼고 충실히 따랐어요. 이를 통해 인격과 덕을 갖춘 왕이 백성을 근본으로 삼아 나라를 통치한다는 유교적 왕도 정치 이념이 점차 조선 사회에 굳건히 자리 잡았지요. 유교가 정착될수록 불교에 대한 탄압은 심화되었어요. 사원의 수를 대폭 줄이고 승려의 수도 법적으로 제한하게 되었지요.

세종대왕(1397~1450) 광화문에 설치된 동상. 조선의 제4대 왕인 세종대왕의 재위 기간은 1397~1450년이다.

태종이 나라의 기틀을 닦아 놓은 덕분에 그 다음으로 왕위에 오른 세종은 정치와 사회, 경제, 문화 등 다방면에서 발전을 이룰 수 있었어요. 세종은 어린 시절부터 독서를 무척 즐겨 유학 경전을 무려 100번씩 반복해 읽었다고 해요. 충녕 대군은 세종이 왕위에 오르기 전에 불렸던 이름으로, 《조선왕조실록》에서는 충녕 대군에 대해 다음과 같이 기록하고 있어요.

> 충녕 대군은 타고난 성품이 총명하고 민첩하고 학문을 좋아해, 몹시 추운 때나 몹시 더운 때에도 밤이 새도록 글을 읽는다. 나는 그가 병이 날까 두려워 항상 밤에 글 읽는 것을 금지했다.

지나칠 정도로 학문 수양에 몰두하는 아들을 걱정하는 태종의 마음과 세종이 얼마나 학문을 좋아했는지가 잘 드러나 있어요. 이러한 성향을 바탕으로 세종은 조선의 정치 체제를 사상으로 뒷받침하려고 노력했어요. 그 결과 조선의 유교 문화는 획기적인 발전을 이루었지요.

세종은 집현전을 설치하고 옛 제도와 의례에 대한 연구, 편찬 사업 그리고 학문 연구를 수행하도록 했어요. 집현전의 학자들은 조선에서 내로라하는 두뇌 집단으로 구성되어 있었는데 정인지, 신숙주, 양성지, 서거정과 같은 조선 전기의 걸출한 문신들이 모두 집현전 출신이었답니다. 집현전의 학자들은 국왕과 함께 책을 읽으며 유교 정치를 구현하기 위한 정책을 만드는 데 골몰했어요.

세종은 유능하고 청렴한 학자들을 재상으로 임명해 나랏일을 돕도록 했어요. 그래서인지 비가 새는 초가에서 우산을 받치고 살았다는 황희나 고향에 내려갈 때 소를 타고 다녔다는 맹사성 같은 재상들의 일화가 유독 이 시대에 많이 전해져요. 이처럼 백성을 근본으로 삼는 유교 사상을 중시했던 세종의 영향력은 조선 사회 곳곳으로 확산되었어요.

세종은 국가의 행사와 사대부의 각종 의례도 유교 절차를 따르도록 했어요. 이에 제사, 손님맞이, 왕의 혼례와 같은 행사가 유교식으로 치러졌지요. 국가의 유교 의식과 그 예절에 대해 정리한 《국조오례의》의 편찬 작업도 세종의 명으로 시작되었답니다.

유교 윤리를 확립하고자 했던 세종의 노력은 왕족이나 사대부 같은 지배층에 국한되지 않았어요. 세종은 백성들에게도 효행의 풍습을 널리 알리기 위해 《삼강행실도》를 편찬하도록 했어요. 이 책에는 왕과 신하, 부모와 자녀, 부부 사이에 모범이 되는 우리나라와 중국의 충신, 효자, 열녀의 이야기가 담겨 있는데 글을 모르는 백성들을 위해 이야기의 내용을 몇 장면의 그림으로 표현한 것이 특징이랍니다.

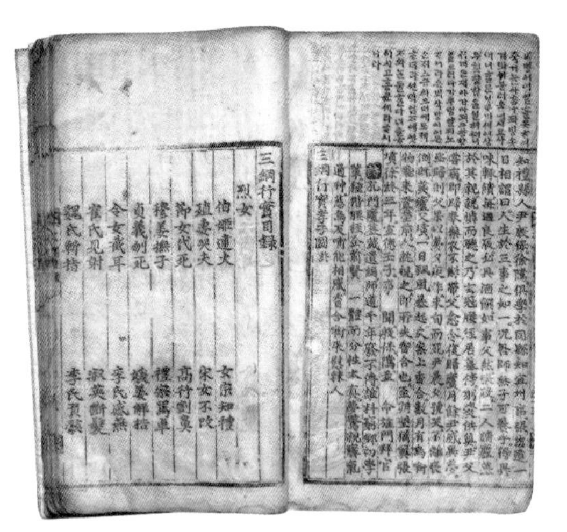

《삼강행실도》 백성들에게 효행의 풍습을 널리 알리기 위해 세종의 명으로 펴낸 책이다.

유교를 바탕으로 한 통치 제도의 기반은 《경국대전》의 편찬 작업을 통해 더욱 확고하게 다져졌어요. 세조 때부터 시작해 성종 때인 1476년에 완성된 《경국대전》은 유교적 통치 이념을 정치 구조에 반영해 법률로 정한 책이에요. 고려 말부터 조선 성종 초까지 반포된 법령과 •교지, 조례 및 관례 등을 망라해 조선 시대의 통치 기준으로 삼은 최고의 법전이지요. 1485년에 간행된 이후 여러 차례 보완을 거듭하며 《경국대전》은 조선 말까지 나라를 다스리는 기준이 되었어요. 이 법전의 완성으로 조선은 명실상부한 유교적 법치 국가의 면모를 갖추게 되었어요. 이 책에는 조선의 정치·경제·사회·문화에 대한 귀중한 정보가 담겨 있어 사료로써 그 가치도 크답니다.

이처럼 성리학은 조선의 정치와 생활 규범 등 모든 면에서 큰 영향을 끼쳤어요. 이러한 경향은 조선 시대를 거쳐 현대에까지 이어지고 있지요. 하지만 당시

교지 조선 시대에 임금이 4품 이상의 벼슬아치에게 주던 임명, 해임 등의 인사에 관한 명령

일반 백성들 중에는 여전히 불교를 믿는 사람들도 많았어요. 조선 왕실 역시 사찰에 대한 후원을 계속하면서 불교의 종교적인 기능은 계속 이어졌지요.

《경국대전》 조선 시대의 통치 기준이 된 최고의 법전이다.

통치 체제의 마련

오늘날 나라의 살림살이를 담당하는 곳을 행정부라고 해요. 행정부는 한 나라의 통치 기구 전체를 가리키는데, 우리의 생활과 밀접한 일들을 처리한답니다. 행정부에 해당하는 조선의 정치 기구는 의정부와 6조예요. 의정부는 행정부의 최고 기관으로 국왕을 보좌해 국정을 운영하는 역할을 맡았고, 이조·호조·예조·병조·형조·공조로 이루어진 6조는 특정 부문을 나누어 담당했지요.

의정부에는 재상 또는 정승이라 불리는 최고위 관리들이 속해 있었어요. 이들은 6조의 관리들과 함께 국가의 중요 정책을 의논해 결정했어요. 구조상 6조는 의정부 아래에 소속되어 있었지만, 실상은 그렇지 않았어요. 조선 초기에는 의정부와 6조의 역할 및 권위가 왕권의 강약과 맞물려 독특한 양상을 나타냈거든요. 의정부에서 국정을 의논하고 국왕에게 보고하는 의정부 중심의 국정 운영 방식과, 6조에서 주요 사항을 국왕에게 직접 보고하는 6조 중심의 국정 운영 방식이 번갈아 시행된 것이지요. 두 운영 방식 모두 그 정점에는 국왕이 있었어요. 하지만 의정부의 재상들이 국정 운영의 주도권을 쥐면 국왕의 권위가 상대적으

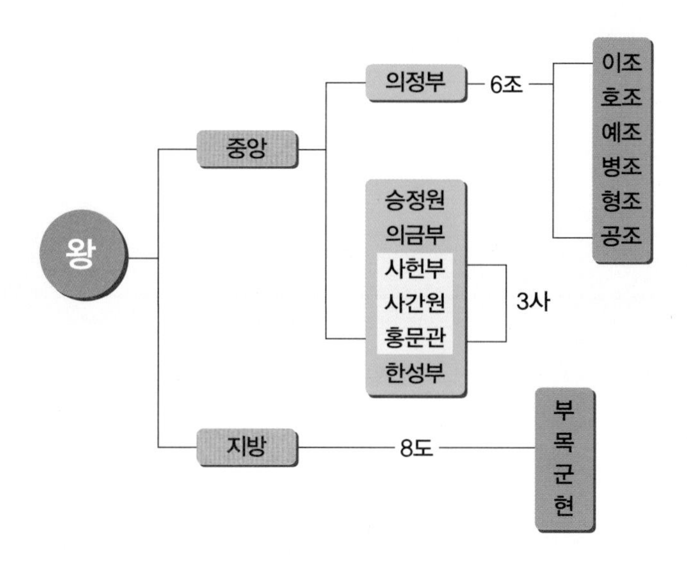

조선의 통치 체제

로 낮아졌기 때문에, 국왕이 자신의 권위를 보다 강력하게 행사하기 위해 6조 중심의 국정 운영 방식을 택하기도 했답니다.

오늘날 신문이나 방송과 같은 언론 기관은 사회 현상을 객관적으로 보도하거나 옳고 그름을 가려 여론을 형성 하는 데 도움을 줘요. 이러한 언론의 기능은 권력의 부정부패를 막고 사회가 균형을 이루는 데 영향을 미칩니다. 조선 시대에도 오늘날의 언론 기관과 유사한 기능을 담당했던 곳이 있어요. 바로 사헌부, 사간원, 홍문관으로 이루어진 3사랍니다. 사헌부는 나랏일을 맡아보는 사람이 일을 게을리하거나 개인의 권력을 이용해 비리를 저지르는지 감찰하는 일을, 사간원은 국왕에 대한 비판을 담당하는 일을 그리고 홍문관은 국왕에게 각종 자문을 제공하는 일을 했어요. 3사에 소속된 관리들을 언관이라고 했는데, 높

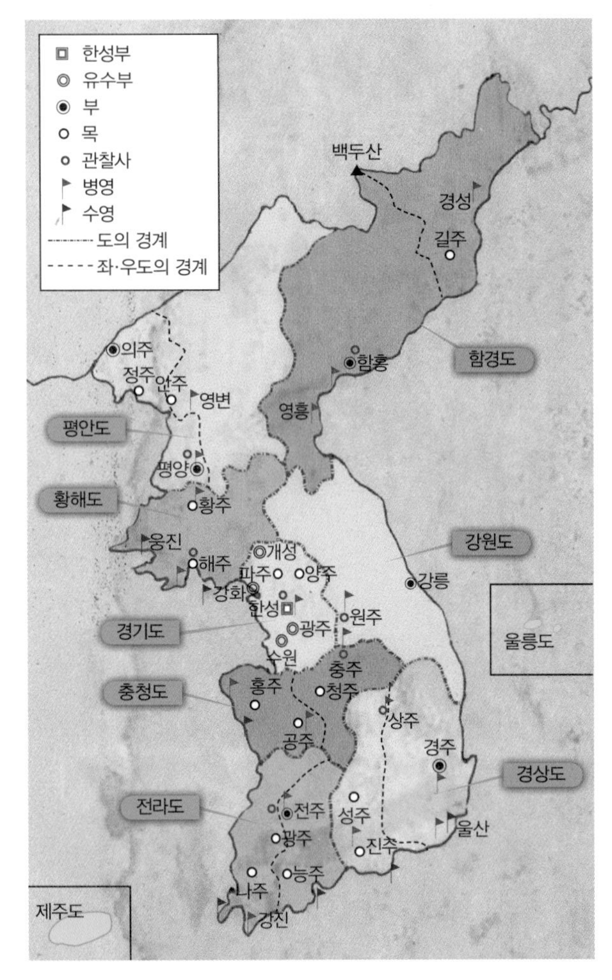

조선의 행정 구역(8도)

은 직위는 아니었지만 국왕도 언관의 활동은 함부로 막을 수 없었답니다. 이에 따라 3사의 관직은 •청요직이라 불리며 출세를 위해 거쳐야 할 필수 과정으로 인식되기도 했지요.

이외에도 국왕의 명령을 발표하고 상소문을 처리하는 등의 비서 역할을 담당하는 승정원, 나라의 중죄인을 다스리는 의금부, 실록과 같은 역사서를 편찬하는 춘추관, 한양의 행정과 치안을 담당하는 한성부, 오늘날의 대학에 해당하는 조선 최고의 학부인 성균관 등이 주요 중앙 기구로 설립되어 운영되었어요.

지방 행정 역시 체계를 잡아갔어요. 전국을 8도로 나누고 그 아래에 부·목·군·현을 설치했지요. 고려 시대의 형식을 기초로 하였지만, 이전에 비해 중앙의 권력이 지방의 깊숙한 곳까지 미치게 되었다는 점에서 차이가

청요직 청렴하고 중요한 직책

났어요. 전국 8도에는 그 지방의 경찰권, 사법권, 징세권 등을 지닌 관찰사를 파견하고, 300여 개의 모든 군·현에는 중앙에서 수령을 보내 다스리게 했어요. 향리들이 지방의 주요 행정을 담당하고, 지방관이 파견되지 않은 속현이 많았던 고려 때와는 달라진 모습이었지요. 관찰사와 수령은 국왕을 대신해 지방을 다스리는 역할을 했어요. 이로써 조선의 모든 향촌 사회는 중앙 정부의 통치 체제에 완전히 편입되었고, 지방의 유력자나 백성들 역시 중앙 정부의 관리 아래에 놓이게 되었지요.

관찰사 부임도 지방 행정을 담당하는 관찰사의 부임 모습을 표현했다.

조선 정부가 행정 체제를 가다듬는 것 이외에도 심혈을 기울인 것은 국방을 강화하는 일이었어요. 왜구와 홍건적 등에게 시달린 경험이 있었기 때문이지요. 기존의 군대만으로는 충분하지 않다고 판단한 조선 정부는 16세에서 60세 사이의 모든 양인 남자에게 군역의 의무를 지우거나 국방에 필요한 비용을 부담하도록 했어요. 양인은 천민이 아닌 모든 사람을 가리키는 말로, 양반 역시 법제상 군역의 의무를 지니고 있었지만 실제로는 잘 지키지 않았지요. 조선 정부는 군역을 담당할 사람들을 보다 많이 확보하기 위해 3년마다 한 번씩 호적을 조사하고 노비를 해방시켰어요. 그 결과 태조 때는 군역의 의무를 진 사람이 37만 명이었는데 세조 때는 100만 명까지 늘어났다고 해요.

조선의 군사 제도는 중앙군과 지방군으로 나뉘어 운영되었어요. 궁궐과 한양의 수비를 맡은 중앙군은 5위라는 다섯 개의 부대로 편성되었는데, 그 중심 병력은 간단한 시험을 통해 선발되는 직업 군인인 갑사로 구성되었지요. 지방군은 육군과 수군으로 이루어졌는데 정부는 각각 병마절도사와 수군절도사를 파견해 이들을 통솔하게 했어요. 원래는 각 도에 하나씩 설치하는 것이 원칙이었지만 국방상 요지에는 그보다 더 많이 설치하는 경우도 있었다고 해요. 또 지방군 중 일부를 교대로 한양에서 근무하도록 해 중앙군과 지방군의 유기적인 연결을 꾀하기도 했답니다.

조선의 행정 기구와 군사 조직은 주로 과거 제도를 통해 임용된 관리들이 운영했어요. 고려 시대 이래로 시행된 음서도 여전히 시행되었지만, 그 범위와 비중은 점차 줄어들었어요. 조선 시대에 관직에 진출하기 위해서는 신분에 따른 특권보다는 실력을 키우는 것이 보다 중요했어요.

과거는 문관을 선발하는 문과, 무관을 선발하는 무과 그리고 기술관을 선발하는 잡과로 나뉘었어요. 세 가지 시험 중에서 가장 경쟁률이 높고 큰 비중을 차지했던 것은 문과로, 3년에 한 번씩 정기 시험이 시행되었지요. 원칙적으로는 과거에 응시할 수 있는 자격이 있었으나 생업에 쫓겨 시간적으로나 경제적으로 여유가 없던 평민들은 응시가 거의 불가능했어요. 무과 역시 3년에 한 번씩 시행되었는데 응시자의 신분적 제한은 문과에 비해 느슨한 편이었지요. 총 28명을 선발하는 무과에서는 활쏘기와 같은 실제 무예 능력을 보는 것은 물론, 유교 경전 중 무(武)와 관련된 내용으로 필기 시험도 치렀어요. 기술관을 선발하는 잡과에는 기술관이나 향리의 자제가 주로 응시했는데, 통역관을 뽑는 역과와 의술에 정통한 사람을 가리는 의과, 형률에 밝은 사람을 뽑는 율과 등의 과목이 있었답니다.

과거에 합격하기 위해 조선 시대 사람들은 기본적으로 성리학을 열심히 공부했어요. 학교 교육은 주로 양반 자제들을 중심으로 이루어졌는데, 이들은 보통 7~8세 무렵부터 서당에 들어가 초보적인 학문을 익혔어요. 이후에는 지방의 향교와 한양의 4부 학당에서 보다 높은 수준의 유교 경전을 공부했지요. 이들 중 우수한 소수만이 성균관에 입학했는데 성균관은 문과 시험을 준비하기 위한 최고의 교육 기관으로, 조선의 관리 양성소라고 할 수 있었어요.

각종 제도를 정비하며 더욱 견고한 국가 체제를 갖추게 된 조선은 이후 고려와의 차별성을 보이며 발전을 거듭했어요.

성균관 명륜당 성균관은 유학 교육을 담당하던 조선의 관리 양성소이다.

토지 제도의 정비

인간 생활에 필요한 재화나 용역을 생산하고 분배하며 소비하는 모든 활동을 '경제'라고 해요. 조선 시대 사람들은 대부분 농업에 종사했어요. 따라서 토지는 당시 국가 경제의 가장 주요한 기반이었지요.

조선은 양반들을 대상으로 한 토지 분배를 구체적으로 제도화했는데, 엄밀히 따지면 이는 조선이 생기기 전부터 시작된 일이었어요. 1388년에 이성계가 위화도에서 회군한 이후 고려의 실권은 권문세족에게서 이성계 일파와 신진 사대부에게로 넘어갔어요. 그로부터 3년 뒤 고려는 대대적인 토지 개혁을 단행하며 권문세족이 불법으로 소유하고 있던 토지를 회수하고, 신진 사대부에게 새롭게 실시된 **과전법**에 따라 토지를 지급했지요. 고려 정부는 과전법을 통해 전·현직 양반 관료에게 토지에 대한 **수조권**을 나누어 주고 귀족들의 대토지 소유를 막는 한편 국가의 재정이 고갈되는 것을 해결하고자 했어요. 이로써 관리들은 정부를 대신해 백성들에게 조세를 걷을 수 있는 권리를 갖게 되었지요.

당시의 토지는 소유권에 따라 국가가 소유하는 국유지와 백성들이 소유하는

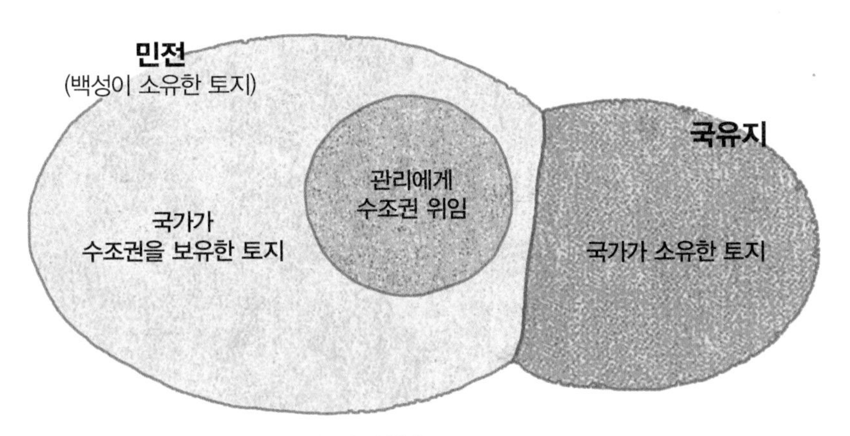

관리들이 수조권을 갖고 있을 때의 토지 제도 운영 원리

민전으로 나눌 수 있어요. 국가가 별도로 운영하는 국유지에는 따로 세금이 부과되지 않았지만, 개인이 소유한 민전은 국가에 세금을 납부해야 했지요. 민전에는 과전으로 지급되어 수조권을 위임받은 관리에게 세금을 내야 하는 토지도 포함되어 있었답니다.

과전법에 따라 조선의 관리들은 모두 열여덟 등급으로 나뉘어 토지를 지급받았어요. 여기서 토지를 지급받았다는 말은 수조권을 분배받았다는 의미예요. 이때 과전으로 지급되는 토지는 경기 지방에 한정되었는데, 이는 모든 관리가 수도 주위에 거주하면서 왕실을 호위해야 한다는 정치적인 원리 때문이었어요. 과전은 원칙적으로 세습이 불가능해 지급받은 관리가 죽으면 국가에 반납해야 했지만, •수신전이나 •휼양전 등의 명목으로 사실상 세습도 가능했어요. 그러

수신전 과전을 받던 사람이 죽고 그의 아내가 수절할 때에 주던 토지
휼양전 어버이가 모두 사망했을 때 어린 자녀가 어버이의 과전을 물려받게 하던 토지

다 보니 과전법 체제는 시간이 흐르면서 치명적인 문제점을 드러냈어요. 세습되는 토지와 퇴직 관리의 수가 늘어나면서 새로운 관리에게 지급할 토지가 점차 부족해졌기 때문이지요.

세조 때는 과전법으로 인해 토지가 부족한 현상을 해결하기 위해 **직전법**을 실시했어요. 1466년에 시행된 직전법은 관리에게 수조권을 부여하는 과전법의 큰 틀은 유지했으나, 토지의 지급 대상을 현직 관리로 한정했지요. 그러나 문제는 여전히 존재했어요. 수조권을 지닌 양반 관리들이 토지에 대한 지배권을 함부로 행사했기 때문이에요. 본래는 수확량의 10분의 1을 세금으로 바치도록 정해져 있었지만 관리들은 세금을 과하게 걷으며 갖가지 횡포를 부렸어요. 게다가 퇴직 이후를 대비해야 한다는 생각 때문에 관리들의 부정부패는 갈수록 심해졌지요.

직전법의 문제를 해결하기 위해 성종 때부터는 **관수관급제**가 새롭게 시행되었어요. 관수관급제는 정부가 직접 세금을 거둔 뒤 이를 수조권을 가진 관리들에게 나누어 주는 제도였어요. 이 제도의 시행으로 관리들은 제멋대로 세금을 걷

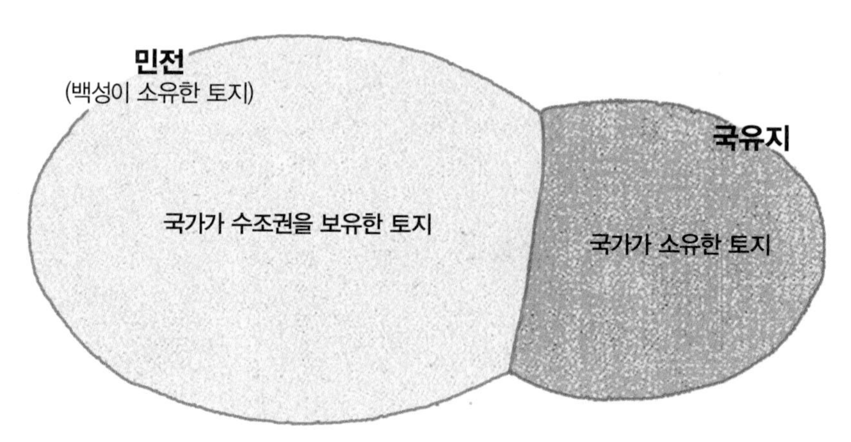

관리들의 수조권이 폐지된 이후의 토지 제도 운영 원리

지 못하게 되었고, 정부는 직접 세금을 걷음으로써 토지에 대한 지배력을 강화할 수 있었지요.

하지만 16세기 중엽에는 관수관급제도 폐지되고, 관리들의 급여는 오로지 녹봉으로만 지급되었어요. 녹봉은 1년 또는 계절 단위로 관리들에게 나누어 주던 금품으로, 돈 이외에도 곡식이나 옷감 같은 현물들이 포함되었어요. 이처럼 수조권이 폐지된 것은 나라의 토지 구조가 바뀌었기 때문이었어요.

수조권이 폐지되면서 이후의 토지는 소유권에 따라 구분되었어요. 수조권을 잃은 관리들은 토지의 소유권을 얻기 위해 애썼지요. 당시 가장 중요한 경제적 기반이던 토지 없이 녹봉에만 의존하는 것이 불안했기 때문이에요. 그 결과 16세기 이후의 토지 소유 실태는 이전과는 다른 양상을 보였답니다. 소수의 양반 관리들이 많은 양의 토지를 소유한 지주가 되고, 다수의 농민들은 지주의 땅을 빌려 농사짓는 소작인으로 전락하고 말았지요. 양반들은 불법적인 방법까지 동원해 토지를 넓히는 한편 소작인들에게는 수확량의 절반을 바치도록 했어요. 이러한 토지 제도를 지주 전호제라고 해요.

훈구파와 사림파의 대립

조선이 개국한 지 100여 년 정도가 지나 16세기 무렵이 되자 중앙의 양반 관료들이 훈구파와 사림파로 나뉘어 맹렬하게 다투기 시작했어요.

'훈구(勳舊)'는 '공훈이 오래 되었다.'라는 의미를 가지고 있어요. 훈구파는 글자 그대로 조선의 개국 이후 몇 차례의 왕위 교체 과정을 거치며 차곡차곡 공훈을 쌓아 국왕의 신임을 얻은 정치 세력으로 15세기 중반, 세조 대 이후부터 중앙 정부의 핵심 세력으로 활동했어요.

세조는 조선 왕조의 기틀을 다진 세종의 둘째 아들로, 왕위에 오르기 전에는 수양 대군으로 불렸어요. 장자가 아닌 그는 본래 왕이 될 수 없었지만, 아버지의 뒤를 이어 왕위에 오른 형 문종이 병으로 세상을 일찍 떠나자 왕이 되려는 야욕을 품었어요. 하지만 1452년에 조선의 왕위는 문종의 아들인 단종에게 계승되었고 당시 12세에 불과했던 단종의 지위는 늘 불안하기만 했어요. 1453년에 수양 대군은 단종을 보필하던 김종서, 황보인 등의 충신을 죽이고 정권을 탈취했어요. 이 사건을 '계유정난'이라고 해요. 계유정난에 참여한 정인지 등은 그 공로를 인정받아 후에 훈구파의 원조가 되었지요. 이후 훈구파는 중앙의 관직을 독점하고 토지와 노비를 축적하는 등 온갖 권세를 누렸어요.

'사림(士林)'은 '선비들의 집단'이라는 의미예요. 성리학을 열심히 공부하던 조선 시대 선비들을 지칭하는 말로, 고려 후기 온건파 신진 사대부에서 그 뿌리를 찾을 수 있어요. 새 왕조의 개창을 반대하고 고려의 개혁을 꾀했던 온건파 신진 사대부는 조선의 건국 이후 정치에 참여할 기회를 얻지 못했어요. 하지만 높은 학식으로 향촌민들의 신망을 받으며 중소 규모의 토지를 바탕으로 지방에서 탄탄한 입지를 굳히고 있었지요. 그러다가 성종 때부터 사림파는 중앙 정계에 본격적으로 진출하기 시작했어요. 훈구파가 국왕의 권위를 압박할 정도로 세력이 커

청령포 강원도 영월의 단종 유배지. 단종은 세조에게 왕위를 빼앗긴 뒤 이곳에 유배되었는데, 날마다 시를 지으며 울적한 마음을 달랬다고 한다.

지자, 성종이 이들을 견제하기 위해 사림파를 불러들인 것이지요. 성종의 후원을 바탕으로 사림파는 주로 3사의 언관직에 배치되었어요. 앞서 말했듯 언관은 왕이나 관료들의 잘잘못을 지적하고 따질 수 있는 자리예요. 사림파는 성리학적 명분론을 내세워 훈구파의 비리를 강하게 비판했어요. 초기의 사림파에는 고려 말의 성리학자인 정몽주와 조선 전기의 성리학자인 김종직, 정여창, 김일손 등이 있었지요.

사림파가 정계에 진출한 이후 훈구파와 사림파의 정치적 갈등이 시작되었어요. 그러던 중 사림파를 옹호하던 성종이 승하하자 마침내 훈구파가 폭발하고 말았지요. 이렇게 시작된 사림파에 대한 훈구파의 보복을 사화라고 불러요. 사화란 '사림이 화를 입었다.'라는 의미로, 사화가 일어날 때마다 사림파는 대거 목숨을 잃거나 유배를 떠나야만 했답니다. 사화는 연산군 때부터 명종에 이르기까지 모두 네 차례나 일어났어요.

첫 번째 사화인 무오사화는 1498년 연산군 대에 일어났는데, 사초가 그 원인이었어요. 사초란 실록을 편찬할 때 사용하는 기본 자료로, 역사를 기록하는 관리인 사관이 정치 상황과 관리들의 행실을 꼼꼼히 기록한 것이에요. 사관은 사초의 내용을 누설할 수 없으며 왕이라도 함부로 읽을 수 없었지요. 그러나 연산군은 자기 아버지 때의 기록이자 《성종실록》에 실릴 예정이던 조의제문이라는 사초를 보았

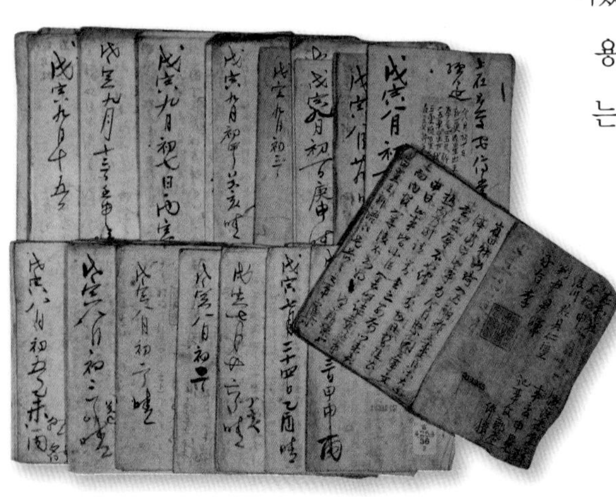

〈인조무인사초〉 인조 때 사관이 작성해 집안에 보관했던 사초이다. 정치 현안과 고위 관료, 왕에 대한 신랄한 평가가 실려 있다.

어요. 조의제문은 사림파의 김종직이 쓴 글로, 항우가 폐위시킨 중국 초나라의 의제를 애도하는 내용이었어요. 이는 세조가 단종을 쫓아내고 왕위를 빼앗은 것을 비판하려는 의도로 해석될 수 있는 글이었지요. 당시 사관이었던 사림파 김일손이 이 글을 사초에 실은 것인데, 세조가 즉위하는 데 큰 공을 세운 훈구파가 이 상황을 가만히 두고 볼 리 없었어요. 훈구파의 이극돈과 유자광 등은 조의제문을 빌미로 삼아 연산군을 부추겨 사림파를 몰아냈어요. 심지어는 이미 죽은 김종직을 •부관참시하고, 김일손을 비롯해 그의 제자들까지 모두 죽이거나 유배 보내 버렸지요.

연산군의 묘 사적 제362호로 지정되어 있으며, 서울 도봉구 방학동에 위치해 있다.

두 번째 사화인 갑자사화는 1504년에 일어났어요. 연산군이 자신을 낳아 준 친어머니의 원한을 갚기 위해 일으킨 사건이었지요. 연산군의 친어머니인 폐비 윤씨는 본래 성종의 왕비였으나 궐에서 쫓겨나 사약을 받은 인물이에요. 윤씨는 부부 싸움 중 성종의 얼굴에 손톱자국을 내는 등 평소 행실이 좋지 않고 질투가 심했다고 해요. 하지만 연산군의 입장에서 윤씨의 죽음은 너무나 억울했어요. 연산군은 윤씨의 죽음에 관련되어 있다고 알려진 성종의 후궁과 자식들을 죽이고, 윤씨를 폐위시키는 데 찬성한 사람들 역시 모두 죽였어요. 부관참시

부관참시 관을 꺼내어 시체를 자르는 형벌

도 모자라 뼈를 부수어 바람에 날리거나 집을 파괴하고 그 터를 연못으로 만드는 등 형벌의 방식은 매우 참혹했지요.

갑자사화의 피바람이 지나가고 폐비 윤씨의 명예는 회복되었어요. 하지만 이 일로 신하들은 연산군에게 등을 돌리고 말았지요. 두 차례의 사화를 거치는 과정에서 신하의 입지는 크게 좁아지고 국왕 마음대로 국정을 운영하는 혼란이 벌어졌거든요.

참다 못한 성희안, 박원종 등이 1506년에 연산군을 몰아내고 성종의 둘째 아들이자 연산군의 이복동생인 진성 대군, 곧 **중종**을 왕으로 추대했어요. 이를 **중종반정**이라고 해요. 반정이란 '바른 것으로 돌아간다.'라는 뜻으로, 연산군 대의 혼란을 바로잡고 새로운 시대로 나아가겠다는 의미였지요. 중종은 즉위 후 사림파를 다시 등용하고 도덕을 중시하는 등 유교 정치를 펼치고자 노력했어요.

이때 중앙 정계에 진출한 대표적인 사림파 인물로는 **조광조**가 있어요. 조광조는 사림 파의 전폭적인 지지를 바탕으로 급진적인 개혁을 추진했답니다.

조광조는 이상적인 왕도 정치를 위해 왕에게 철저한 수양을 요구하는 한편 도덕성을 강조했어요. 그리고 도교 행사를 집행해 오던 **소격서**를 폐지했지요. 소격서는 고려 시대 이래로 하늘과 땅, 별에 복을 비는 국가적 차원의 제사를 담당하던 기구였어요. 사림파는 소격서에서 지내는 이러한 제사를 성리학적 의례에 어긋나는 미신으로 여기며 못마땅해했지요.

조광조 등은 **현량과**라는 인재 선발 제도를 마련해 새로운 관리를 등용했어요. 현량과는 추천과 간단한 시험을 거쳐 관리를 뽑는 제도로, 이를 통해 등용된 관리들은 대부분 사림파였지요.

조광조는 중종반정 과정에서 특별한 공로도 없이 공신으로 선정된 사람들

조광조의 묘 용인에 위치해 있는 조광조의 묘는 부인의 묘와 합장된 형태이다.

을 바로잡아야 한다고 주장했어요. 당시 중종반정의 공신은 그 기여도에 따라 네 개의 등급으로 구분되어 있었는데, 조광조의 개혁으로 2, 3등 공신의 수는 줄어들고 4등 공신은 아예 사라졌어요. 그러자 공훈과 작위가 삭제된 76명의 공신들이 불만을 품었어요. 새로운 왕을 세우는 것은 무척 위험한 일로, 비록 작은 역할일지언정 목숨을 걸고 협조했기 때문이에요.

조광조의 급진적이고 배타적인 개혁은 공신 세력의 위기감을 자극했고, 결국 1519년에 세 번째 사화인 기묘사화가 일어났어요. 이 사건으로 조광조는 전남 능주에 유배되었다가 결국 사약을 받았고, 그를 따르던 사림파도 대거 피해를 입으며 조광조의 개혁은 좌절되었답니다.

마지막으로 을사사화는 명종이 즉위한 해인 1545년에 일어났어요. 인종의 외척인 대윤과 명종의 외척인 소윤 일파 사이에서 일어난 갈등이 그 원인이었지요. 중종 말년에 인종과 명종 두 왕자 중 누구를 후계자로 선정할 것인가를 두고 논란이 벌어졌어요. 이복형제인 두 왕자의 외척이 모두 윤씨였기 때문에 대윤(大尹)과 소윤(小尹)의 대립이라고 부르지요. 인종을 후원하는 장경 왕후 윤씨 및 윤임 일파를 대윤이라 하고, 명종을 지원하는 문정 왕후 윤씨 및 윤원형 일파를 소윤이라고 해요. 중종의 뒤를 이어 인종이 즉위하면서 이 싸움은 대윤이 승리하는 듯했어요. 하지만 인종이 8개월 만에 세상을 떠나고 명종이 즉위하자 그의 외척인 소윤 일파가 대윤에 대한 보복을 시작했어요. 당시 사림파는 기묘사화 이후 중앙 정계에서 배제되어 있다가 중종 말년이 되어서야 중앙으로 복귀한 상황이었어요. 사림파는 왕위를 둘러싼 치열한 세력 다툼에 휩쓸리고 말았어요. 이때 대윤 일파와 관련된 많은 사림파가 죽거나 유배를 갔는데 이를 을사사화라고 해요.

사림파는 무오사화부터 을사사화까지 네 차례의 사화를 겪으며 여러 차례 큰 위기를 겪었어요. 하지만 사림파의 중앙 정계 진출은 오히려 확대되었답니다. 그것은 향촌 사회에서의 튼튼한 사회·경제적 기반과 성리학적 소양 덕분이었지요. 사림들은 성리학의 연구 기관인 서원을 통해 새로운 인재를 계속 양성하는 한편, 자치 규약인 향약을 통해 유교 윤리를 바탕으로 한 향촌 질서를 공고히 다졌어요. 그 결과 선조 이후 사림파는 훈구파와의 갈등을 마감하고 중앙 정계의 주류로서 부상할 수 있었지요.

성리학의 발달과 여성의 지위 변화

성리학은 중국 송나라 때 출현한 새로운 경향의 학문으로 중국 본토뿐 아니라, 우리나라와 일본에까지 퍼져 큰 영향을 미쳤어요. 처음에 우리나라에 전해진 성리학은 유학자들을 중심으로 수용되었지만, 서원과 향약이 보급되면서부터는 서서히 사회 전체로 확대되기 시작했어요. 우리나라에는 고려 말에, 일본에는 가마쿠라 막부 후기에 전래되었는데, 이후 성리학은 동아시아 사회를 아우르는 중요한 공통 요소로 자리잡았지요.

성리학은 충·효·예와 같은 가치관을 전파해 사회의 질서를 확립하고, 인간과 우주에 대한 통찰을 심화시켰어요. 하지만 음양의 원리에 기반을 둔 남녀 차별 의식도 포함하고 있어 사회 전반으로 남녀 간의 불평등한 관계를 자리 잡게 했지요.

성리학이 부흥하기 이전인 한나라와 당나라 시대의 중국 여성은 비교적 자유롭게 남성과 교제할 수 있었다고 해요. 우리나라도 고려 시대까지는 딸들도 부모의 재산을 상속받거나 돌아가신 부모에 대한 제사를 지낼 수 있었지요. 그러나 중국과 조선에 널리 보급된 성리학 지침서에 여성은 아버지, 남편, 아들을 따라야 한다는 삼종지도와 아내를 내쫓을 수 있는 일곱 가지 나쁜 행동인 '칠거지악' 등의 내용이 실리면서 여성의 사회적 지위는 약화되었어요.

'열녀(烈女)'라는 말을 들어 본 적 있나요? 남편에게 정성을 다하고 절개를 지킨 여성을 일컫는 말로, 열녀는 조선의 이상적인 여인상으로 여겨졌어요. 성리학적 이념에 따르면 신하가 임금에게 충성을 바치는 것처럼 여성은 남편에게 헌신해야 했지요. 국가는 남편이 죽은 후에도 다시 결혼하지 않고 수절하는 여성에게 상으로 토지를 내리고 열녀문과 열녀비를 세워 칭찬했어요. 열녀문과 열녀비를 받은 집안은 이를 자랑으로 여기고 명예롭게 생각했지요. 한편 재가를 한 여성은 사람들의 손가락질을 받았고, 그 자녀가 벼슬길에 오를 경우 차별을 받기도 했답니다. 이런 인식은 당시 사회 전반에 깊이 뿌리내리고 있었어요. 조선 후기 실학자 성호 이익은 남편이 죽어도 재가하지 않는 여성이 늘어나는 상황을 보고 '중국도 따라오지 못할 아름다운 풍속'이라 말했을 정도였지요. 남편을 잃은 여성을 일컫는 '미망인(未亡人)'이라는 표현에도 이러한 성리학적 여성상이 반영되어 있어요. 남편과 함께 죽어야 하는데 아직 죽지 못하고 있는 사람이라는 뜻이기 때문이지요.

충청남도 논산에 위치한 열녀 공주 이씨의 정려각

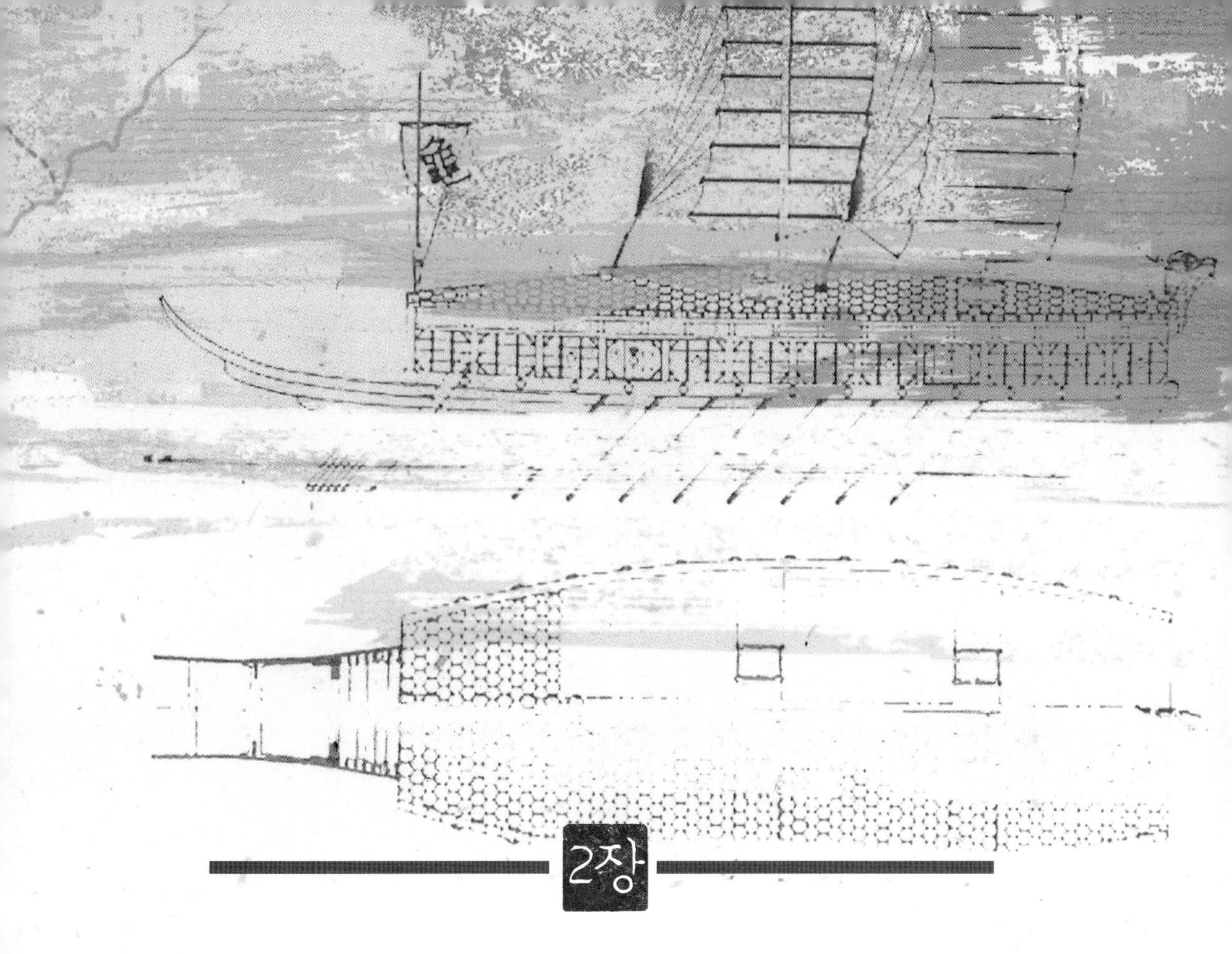

2장

양 난과 조선 후기의 정치 변동

500여 년간 유지된 조선의 역사는 1592년부터 시작된 임진왜란과 1636년의 병자호란을 기준으로 전기와 후기로 나눌 수 있어요. 두 차례의 큰 전쟁을 겪으며 정치·사회적인 측면에서 이전과는 다른 변화가 나타났기 때문이지요. 이제부터 시대 구분의 기점이 된 양 난이 무엇이며, 양 난 이후 조선 사회에 어떠한 변화가 나타났는지 살펴보도록 해요.

흔들리는 사대교린

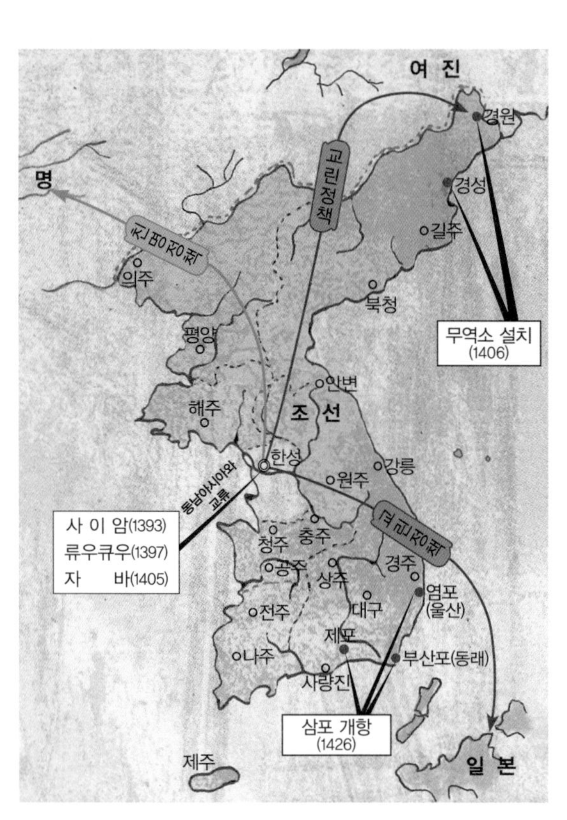

조선 전기의 대외 관계

한반도에 조선이 세워질 무렵, 북쪽에는 명나라와 여진이, 바다 건너 남쪽에는 일본이 자리 잡고 있었어요. 건국 이후 조선은 당시 동아시아의 보편적인 국제 질서에 따라 큰 나라는 받들어 섬기고, 이웃한 나라와는 화평하게 지낸다는 사대교린의 외교 정책을 추진했어요.

'사대'란 큰 나라를 섬긴다는 뜻으로, 작은 나라인 조선과 큰 나라인 명나라 사이에 맺어진 외교 방침이에요. 조선이 명나라에 사신을 파견해 예물을 바치며 조공의 예를 갖추면, 명나라는 •책봉으로서 조선 국왕의 지위를 인정하는 방식이었지요. 이는 본래 고대 중국의 주나라에서 제후들이 황제에게 행하던 예법이었지만, 당시 동아시아의 질서가 중국을 중심으로 확립되면서 중국의 예법이 자연스럽게 국제적으로 확대된 거예요. 이에 태조는 즉위 직후 명나라에 새로운 왕조를 승인해 줄 것과 조선, 화령 중 국호를 택일해 줄 것을 요청했어요.

이후 조선은 명나라의 연호를 사용하며 사대의 예를 행했어요. 연호란 임금이 즉위한 해에 붙이던 이름으로, 우리 역사에서는 주로 대외적으로 중국과 대등한 관계를 표방할 때에 독자적인 연호를 사용했답니다.

조선은 해마다 동지, 새해 그리고 명나라 황제와 황태자의 생일 이렇게 네 번에 걸쳐 정기적으로 사신과 선물을 보냈어요. 이 선물을 조공품이라고 하는데 소나 말, 비단, 종이, 과실 등 그 종류가 다양하고 수량도 적지 않아 조선에 큰 부담이 되었지요.

명나라에 대한 조선의 사대 외교가 굴욕적이라고 느낄 수도 있어요. 그러나 사대 외교에서의 상하 관계는 어디까지나 의례적이고 정치적인 것이었답니다. 조선은 명나라가 요구하는 사대의 명분을 제공하는 대신 국내 정치를 독립적으로 운영할 수 있었어요. 실제로 명나라가 조선의 내정에 구체적으로 간섭하는 일은 없어서 조선은 독립 국가로서의 자주성을 확고하게 지킬 수 있었지요. 또한 조선의 사신이 명나라에서 돌아오며 가져오는 답례품과 신진 문물은 상당히 귀중한 것들이었어요. 서적을 통해 들어온 중국 문물은 조선 사회 전반에 큰 영향을 주었지요. 이러한 실리를 챙기기 위해 조선은 적극적으로 사대 외교를 활용했어요.

책봉 중국 왕조가 주변 국가와 이민족의 장을 임명해 그 지위와 정통성을 인정하는 일

▌**〈연행도〉** 조선의 사신들이 연경성의 동문인 조양문으로 들어가는 모습을 표현한 그림이다.

사신을 줄이라는 명나라의 요구를 무시하고 오히려 비정기 사신의 숫자를 늘리기도 했지요. 결국 사대 외교는 실리를 얻으면서 평화를 유지하고자 한 조선의 능동적인 외교 정책이었음을 알 수 있어요.

'교린'은 이웃과 사귄다는 뜻으로, 여진과 일본에 대한 조선의 외교 방침이었어요. 조선은 명나라를 대할 때와는 달리 여진이나 일본과는 대등한 관계를 유지했는데 군사적으로 상대방을 압박하는 강경책과 평화적 교류 대상으로 상대를 인정하는 회유책을 함께 사용했지요. 여진과 일본이 조선을 침략하며 적대적인 태도를 보일 때는 강경책을, 평화가 유지될 때는 회유책을 취하는 식이었어요.

조선 초기 일본과의 관계에서 가장 큰 문제는 왜구, 즉 일본의 해적이었어요. 일본이 여러 나라로 쪼개져 혼란스럽던 시기에 생겨난 왜구는 고려 말부터 본격적으로 호시탐탐 우리나라를 침략했어요. 왜구의 노략질은 조선 초기에도 계속되어 왜구로 인한 피해가 명나라 해안 지역까지 미칠 정도였지요. 왜구의 횡포로 해안 지역 농민들의 생활이 엉망이 되자, 마침내 조선은 쓰시마 섬을 정벌하기로 했어요. 쓰시마 섬은 우리나라와 일본의 규슈 사이에 있는 섬으로, 왜구의 근거지였지요. 조선의 강경한 군사 대응으로 더 이상 노략질을 할 수 없게 되자 일본은 교역을 요구하기 시작했어요. 이에 조선은 진해의 제포와 동래의 부산포, 울산의 염포 등 세 곳의 항구를 개방했어요. 일본에 대한 회유책을 펼친 거예요. 하지만 삼포를 개항한 이후 우리나라를 왕래하는 일본인들로 인한 폐단이 발생하면서 이를 해결하기 위해 수차례의 조약이 체결되기도 했어요. 그러다가 1517년에는 국방의 사무를 담당하는 관아인 비변사가 설치되었어요. 국경 지대의 국방 문제를 보다 효과적으로 대처하기 위한 방안이었지요. 이 시기 일본에 대한 조선의 외교 정책은 강경책인 엄격한 통제와 회유책인 교역 재개를 반복하는 양상을 띠었답니다.

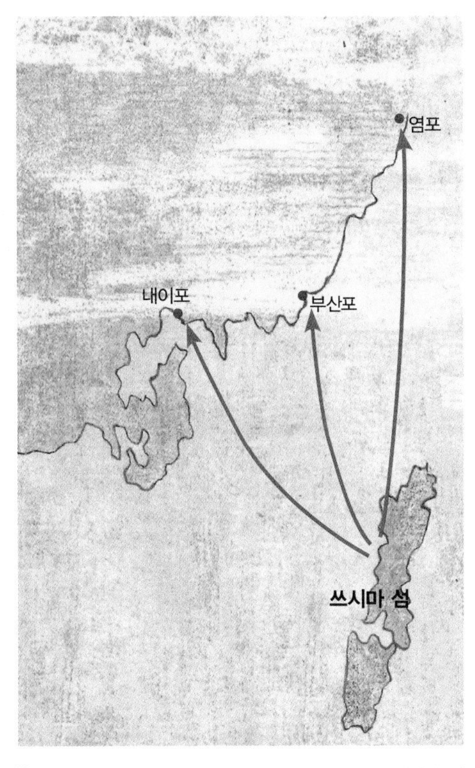

삼포와 쓰시마 섬 1426년 개항 이후, 몇 차례 폐쇄와 재개를 반복했다.

여진은 조선과 동북쪽으로 국경을 접하고 있어, 북방 영토를 개척하려는 조선과 자주 충돌할 수밖에 없었어요. 농경과 목축을 겸하는 여진족이 식량과 농기구 등 부족한 생필품을 마련하기 위해 조선을 빈번히 침범하면서 군사력을 동원하는 일도 잦았지요.

조선은 여진에 대해서도 강경책과 회유책을 적절히 사용하는 교린 정책을 취했어요. 회유책의 일환으로 국경 지대에 무역소를 설치하고 여진이 필요로 하는 물건들을 교역할 수 있도록 하는 한편 여진의 사신을 위해 한양에 북평관이라는 숙박 시설도 지었지요. 여진의 유력자에게는 귀화를 권유하기도 했는데, 실

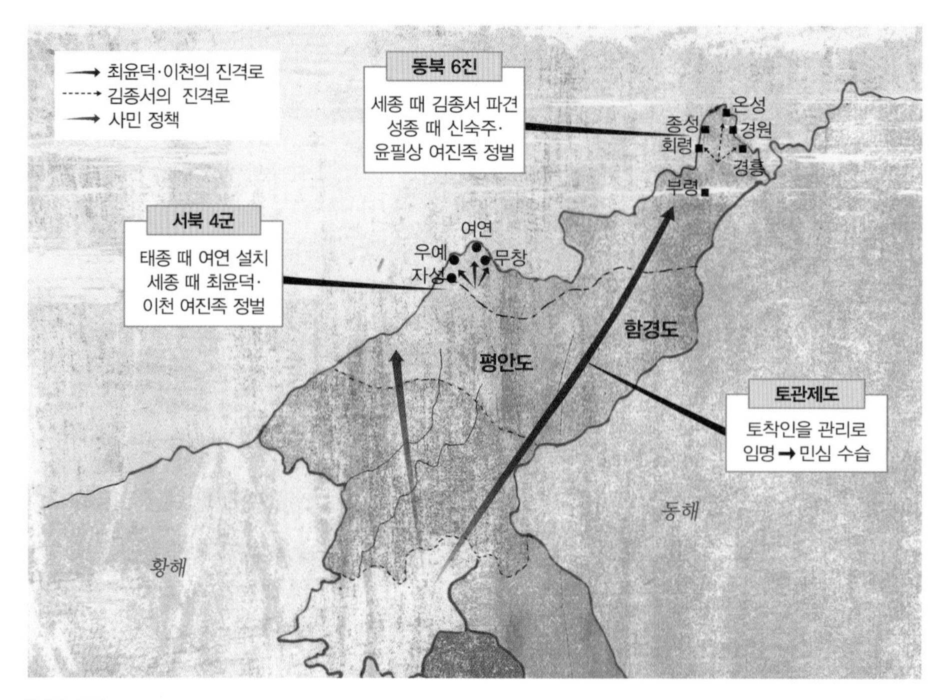

4군 6진

제로 귀화한 이들에게는 토지와 집 등을 제공했답니다. 하지만 이들의 약탈 행위는 완전히 사라지지 않았고 틈틈이 반란도 일어났어요. 조선은 여진의 반란을 진압하고 북방을 개척하기 위해 강경한 태도를 취했어요. 세종 때 설치된 군사 시설인 4군 6진이 그 대표적인 사례랍니다. 4군은 최윤덕 장군이 압록강 상류 지역에, 6진은 김종서 장군이 두만강 유역에 개척한 것으로 조선은 이들 지역을 완전한 조선의 영토로 만들기 위해 남쪽 지방의 주민들을 이주시키는 사민 정책을 펼쳤어요. 이때 경상도 주민들이 많이 이주해 지금도 함경도와 경상도 지방은 사투리가 유사하답니다. 압록강에서 두만강에 이르는 현재의 국경선은 당시 조선이 추진한 북방 개척과 사민 정책으로 얻은 결실이지요.

건국 이후 잘 유지되어 오던 사대교린의 외교 원칙은 16세기를 지나면서 조금씩 흔들리기 시작했어요. 당시 동아시아에서 위세를 떨치던 명나라가 쇠퇴하고 있었거든요. 황권을 둘러싼 황실 내부의 갈등과 각지에서 일어난 농민 반란으로 명나라 중심의 조공·책봉 체제도 더 이상 유지되기 어려운 상황이었지요.

누르하치(1559~1626) 후금 즉 청나라의 태조이다.

17세기 초에는 여진족의 족장인 누르하치가 명나라의 통제력이 약해진 틈을 타 여러 부족을 통일하고 후금을 세웠어요. 이후 그의 뒤를 이은 아들 태종이 국호를 청으로 고쳤지요. 한편 일본은 명나라의 무역 제한에 맞서 새로운 무역 체제를 수립하려 했어요. 동아시아의 이러한 정세의 변동은 조선에도 다양한 영향을 미쳤답니다.

임진왜란의 발발

대륙 진출을 향한 도요토미 히데요시의 야욕으로 발발했고, 이순신 장군이 거북선을 이끌고 맹활약을 펼쳤으며, 조선, 명나라, 일본 삼국이 동시에 무력을 동원해 싸운 최초의 전쟁. 바로 임진왜란이에요. 임진년에 일어난 이 전쟁을 왜란, 즉 일본이 일으킨 난이라고 부르는 데에는 일본을 얕잡아 보는 우리 민족의 역사 인식이 반영되어 있어요. 일본을 지칭하는 한자인 '왜(倭)'에는 상대를 초라하고 미숙하게 여겨 낮잡아 이르는 의미가 포함되어 있거든요.

1592년에 일본군이 부산포를 공격하면서 시작된 임진왜란은 1598년까지 이어졌어요. 7년간 벌어진 이 전쟁은 조선은 물론, 동아시아 세계 전체에 큰 영향을 미쳤지요. 그런 이유로 임진왜란을 동아시아 전쟁이라고 부르기도 해요.

16세기 후반에 일본은 100여 년에 걸친 오랜 내전을 끝내고 마침내 통일을 이루었어요. 통일을 달성한 주인공은 도요토미 히데요시로, 하급 무사의 아들에서 일본 전체의 통치자가 된 인생 역전의 주인공이었지요. 일본이 통일된 후에도 여전히 막강한 힘을 지닌 지방 세력 때문에 골치를 앓았던 도요토미 히데요시는 세력가들의 불만을 잠재우고 흩어진 힘을 모으기 위해 중국 대륙을 정복하려 했어요. 대륙 진출은 섬나라인 일본의 오랜 염원으로, 도요토미 히데요시는 일본인 공통의 목표를 이용해 자신의 입지를 굳히려 했지요. 분위기가 심상치 않다는 소식에 조선 정부는 일본에 사신을 보내기도 했으나 그 이상의 민첩한 대응은 하지 못했어요.

도요토미 히데요시(1537~1598) 16세기 후반 100여 년에 걸친 일본의 오랜 내전을 끝내고 통일을 이룩한 사람이다.

> 나라가 오랫동안 태평하다 보니 군대와 식량이 모두 준비되어 있지 않아, 오랑캐가 변경을 소란하게만 해도 온 나라가 술렁입니다. 지금대로라면 큰 적이 침범해 왔을 때 어떤 지혜로도 당해낼 수 없을 것입니다.
>
> —《선조실록》

당시 국방의 책임을 맡고 있던 이이는 선조를 찾아가 위와 같이 아뢰었어요. 그러면서 각 도에 1만, 도성에 2만의 군사를 길러 앞으로의 변란에 대비해야 한다며, 10만의 군사를 길러 국방을 강화하자고 주장했지요. 하지만 당시에는 이념과 이해에 따라 집단을 나누어 밥그릇 싸움을 벌이던 붕당 정치가 한창이었기 때문에, 이이의 주장은 큰 호응을 얻지 못하고 흐지부지해지고 말았어요. 조선은 건국 이래 200여 년 동안 큰 전쟁 없이 평화로운 시절을 보내며 군사 조직과 전투력이 많이 흐트러진 상태였어요. 이에 비해 일본은 약 100년간의 전국시대를 거치면서 정비된 군대를 바탕으로 전투력이 최고조에 달해 있었지요. 그러던 중 선조 25년인 1592년 4월에 약 20만 명의 일본군이 부산을 침략했어요.

> 4월 14일, 왜적이 대거 쳐들어왔다. …… 다음날 이른 아침 왜적이 성을 겹겹이 에워싸고 서쪽 성 밖 높은 곳에 올라가 비 오듯 포를 쏘았다.
>
> –《선조실록》

부산 인근을 지키던 송상현과 정발 등은 일본군에 맞서 사투를 벌였으나 끝내 패하고 말았어요. 이후 한양을 향해 거침없이 북상하는 일본군에 맞서기 위해 조선 정부는 신립을 파견했어요. 신립은 여진과의 전투에서 큰 공을 세운 적이 있는 뛰어난 장군이었거든요. 하지만 신립도 전투 경험이 풍부하고 최신 무기인 조총으로 무장한 일본군을 막을 수는 없었어요. 탄금대에 배수진을 치고 일본군에 맞섰지만 결국 패배하고 말았지요. 이에 신립은 부하인 김여물과 함께 강물에 투신해 스스로 목숨을 끊었어요. 패색이 짙어지자 선조는 황급히 평안

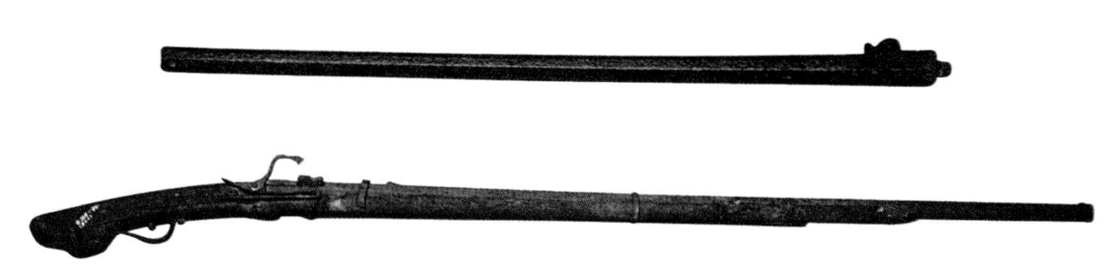

▌**조총** 임진왜란 때 일본군이 사용하던 조총의 위력을 체험한 뒤, 조선군도 일본의 조총을 개량하여 사용하기 시작했다.

북도의 의주까지 피신했어요. 하지만 두 왕자는 포로로 잡히고 한양은 함락되고 말았지요. 일본군이 부산에 상륙한 지 18일 만에 일어난 일이었어요.

육지에서 계속 패전 소식이 들려온 것과 달리, 바다에서는 조선 수군이 크게 활약했어요. 이순신이 이끄는 전라도 수군은 태종 때 만들었던 거북선을 개량하고, 명종 때 개발한 전투함인 판옥선을 갖추는 한편, 일본군보다 우수한 화포를 설치했어요. 임진왜란의 주력선이었던 판옥선은 100명 이상의 군사를 수용할 정도로 규모가 장대할 뿐 아니라, 선체가 튼튼하고 기동력 또한 뛰어났지요.

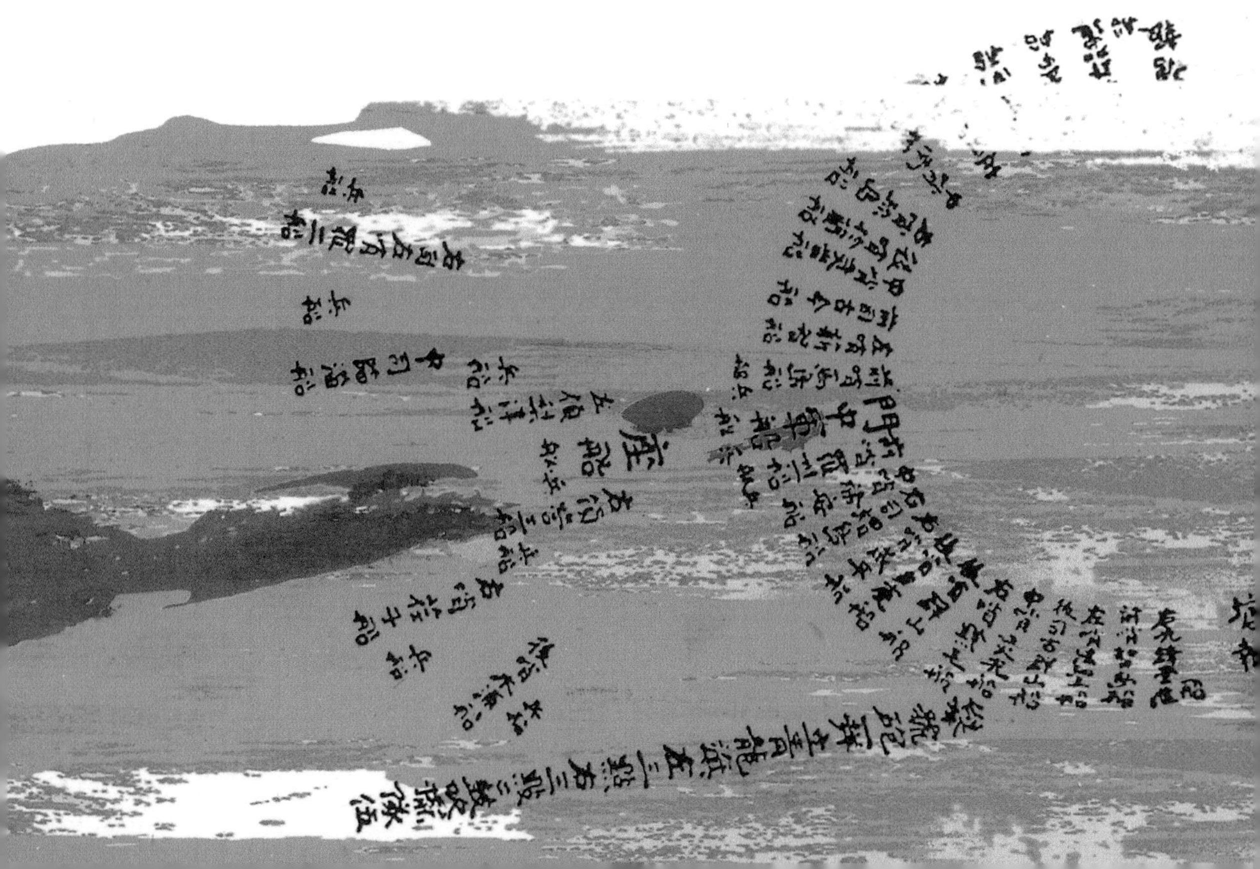

이순신은 옥포, 당포, 당항포, 부산포 등에서 큰 승리를 거둔 뒤, 그 여세를 몰아 한산도에서 학익진 전법을 펼치며 일본 수군의 주력 부대를 격파했어요. 학익진이란 학이 날개를 펼친 듯한 진형으로, 조선 수군은 일본군의 배를 가운데로 몰아 둘러싸고 집중적으로 공격했답니다. 일본군은 육군이 북상하면 수군은 해안을 통해 물자를 조달하며 합세하는 수륙병진 전법을 사용하려 했으나 조선 함대가 바닷길을 장악하면서 이 작전은 실패하고 말았어요. 수군의 활약과 함께 8도 전역에서는 백성들이 힘을 모아 의병을 조직하고 일본군에 맞서기 시작했지요.

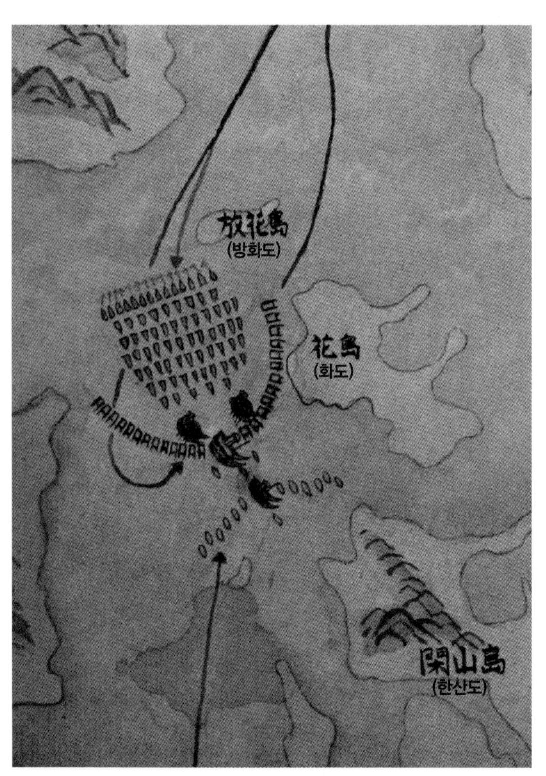

한산해전도와 이순신(1554~1611) 임진왜란 때 수군을 이끈 이순신 장군은 학이 날개를 펼친 듯이 진을 친 학익진 전법으로 일본에게 대승을 거두었다.

적은 이미 가까이 와 있다. 우리들의 부모와 처자식은 적의 손에 들어가게 될 것이다. 우리 동네 소년 가운데 싸울 수 있는 자가 수백 명은 될 것이니 마음을 하나로 모으고 함께 지키면 곡식을 보존할 수 있다. 그런데도 가만히 앉아서 죽기를 기다리겠는가!

–《동국전란사》(강효석)

▌**곽재우(1552~1617)** 임진왜란 때는 팔도 전역에서 백성들이 힘을 모아 의병을 조직했는데, 그 대표적 인물이 곽재우이다.

곽재우는 이렇게 이야기하며 농민들에게 의병에 참여할 것을 권유했어요. 정인홍, 고경명과 같은 유생과 승려 휴정과 유정 등 일부 의병장들은 양식과 무기를 스스로 마련하며 적극적으로 의병을 모집했어요. 양반에서 천민에 이르기까지 여러 계층의 사람들이 의병에 가담해 가족과 재산 그리고 마을을 지키기 위해 열심히 싸웠지요. 의병들은 향토 지리에 익숙한 점을 이용해 일본군을 기습 공격했어요. 이들의 게릴라 전술은 일본군에게는 막대한 타격을 입힌 반면 관군에게는 전열을 가다듬을 수 있는 시간을 벌어 주었답니다.

수군과 의병의 활약으로 전세가 역전될 무렵인 1593년 1월에 이여송이 이끄는 4만 명의 명나라 지원군이 조선군에 합류했어요. 명나라가 지원군을 보낸 것은 사대 외교 덕분인 듯 보이지만, 명나라가 손익도 따지지 않고 조선을 도와준 것은 아니었답니다.

제가 근심하는 것은 조선이 아니라 명나라 국경입니다. …… 조선은 국경 지대의 울타리 같은 것입니다. …… 만약 일본이 조선을 점령하게 된다면 국경은 하루도 편하게 잠을 잘 수 없을 것입니다. …… 또 빨리 적을 치면 우리가 조선의 힘을 빌릴 수 있지만, 늦게 치면 일본이 조선 사람들을 거느려 우리와 적을 삼게 할 것이므로 군사를 동원해 적을 정벌하는 일에 서둘러 나서야 할 것입니다.

–《선조실록》

명나라에서 군사 업무를 맡아보던 관리가 우리 측에 보낸 글이에요. 명나라의 입장에서는 전쟁이 조선을 넘어 자국에까지 확대되는 것을 미리 막아야 했던 거예요. 실제로 일본은 임진왜란 초기부터 명나라를 정벌하러 간다고 선전했어요. 그러나 의리와 명분을 중시했던 당시 조선의 성리학자들이 보기에 명나라의 지원군 파병은 큰 은혜로 느껴졌을 것입니다.

조·명 연합군이 빼앗겼던 평양성을 되찾은 데 이어 권율도 행주산성에서 일본군을 물리쳤어요. 이순신의 한산도 대첩, 김시민의 진주성 전투와 함께 권율의 행주 대첩은 임진왜란의 3대 승리로 불릴 정도로 크고 값진 승리였답니다. 조·명 연합군의 반격에 힘이 빠진 일본군은 휴전을 제의하고 한양에서 물러날 수밖에 없었죠.

명나라의 심유경과 일본의 고니시 유키나가는 3년 동안이나 회담을 이어 갔어요. 하지만 명나라와 일본이 제각기 자신의 승리를 주장하는 바람에 회담은 결실을 맺지 못하고 무산되었지요. 그러자 1597년에 일본은 또 다시 조선을 공격했어요. 이를 정유재란이라고 해요. 명나라와 일본이 지난한 강화 회담을 하는 동안 조총을 제작하고 군대를 정비한 조선은, 임진왜란 때와는 달리 일본군에 맞서 제대로 된 전투를 벌였답니다.

조·명 연합군의 합동 작전과 이순신의 활약으로 일본은 육지와 바다에서 모두 참패했어요. 특히 이순신이 이끄는 수군은 명량에서 13척의 배로 일본의 함대 133척과 맞싸워 승리하는 등 그 기세가 무시무시했지요. 전의를 상실한 일본군에게 엎친 데 덮친 격으로 도요토미 히데요시가 죽었다는 소식이 전해졌어요. 이에 일본군은 조선에서 철수할 수밖에 없었지요. 이로써 조선은 7년이나 이어진 일본의 침략을 막아 내고 마침내 전쟁을 끝냈답니다.

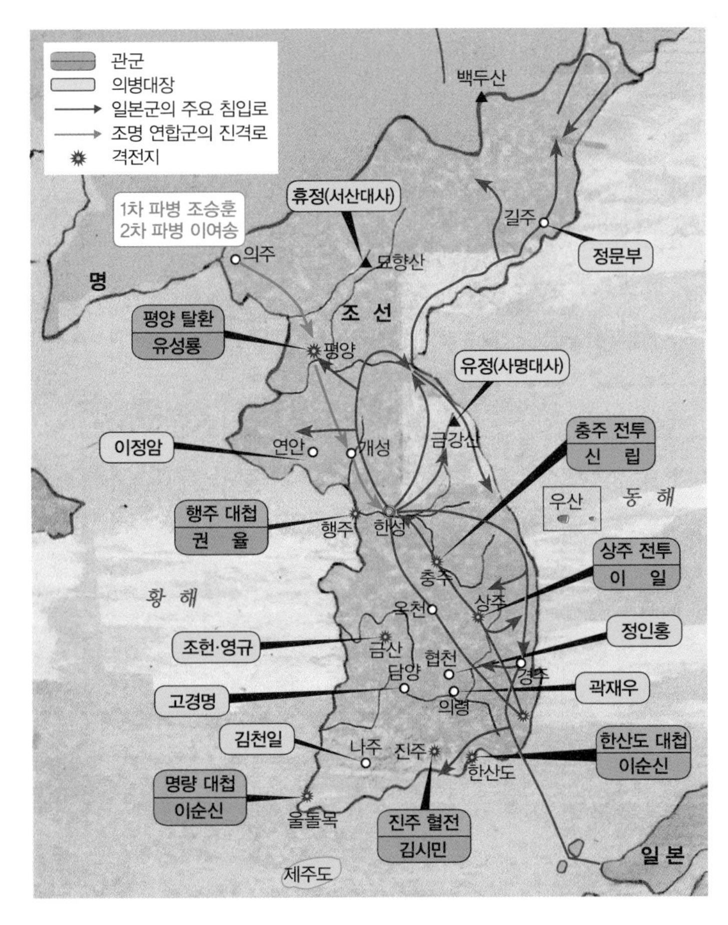

임진왜란 당시의 주요 전투지

병자호란의 발발

임진왜란으로 인해 조선은 많은 피해를 입었어요. 수많은 사람이 죽거나 다쳤고, 토지 곳곳이 황폐해져 제대로 농사지을 수 없게 되었지요. 1608년에 선조가 죽은 뒤 왕위에 오른 광해군은 전쟁 후의 혼란한 상황을 수습하기 위해 많은 노력을 기울여야만 했어요.

임진왜란은 조선에만 영향을 끼친 것이 아니었어요. 중국에서는 왕조의 교체가 일어날 정도로 큰 변화가 일어났거든요. 명나라와 조선이 주변을 돌아볼 여력이 없는 틈을 타, 1616년에 여진족은 만주 지방에 후금을 건국했어요.

쇠퇴하고 있으나 여전히 강한 명나라와 성장하고 있으나 완전하지 않은 후금 사이에서 광해군은 매우 신중한 외교 정책을 펼쳤어요. 명나라가 후금을 공격하기 위해 조선에 지원군을 요청했을 때, 광해군은 여러 가지 구실을 만들어 차일피일 출병을 피했어요. 하지만 명나라와 조선은 명분상 임금과 신하의 관계이고, 임진왜란 때 명나라로부터 도움을 받았기 때문에 계속해서 출병을 미룰 수는 없었지요. 광해군은 고민 끝에 강홍립과 그의 군대를 명나라 지원군으로 보내며 전투에 적극적으로 나서지 말라는 명령을 몰래 내렸어요. 명나라와 후금 중에서 어느쪽 편도 들지 않기 위해 교묘한 **중립 외교**를 펼친 것이지요.

> 우리나라가 너희들과 본래 원수진 일이 없는데 무엇 때문에 서로 싸우겠느냐. 지금 여기 들어온 것은 부득이한 것임을 너희 나라에서는 모르느냐.
>
> – 《연려실기술》(이긍익)

전쟁에 나선 강홍립은 여진군에게 위와 같이 말했다고 해요. 광해군의 의중을 파악한 강홍립은 조선이 어쩔 수 없이 명나라의 원군이 되었다는 점을 설명하며 후금과 평화적인 관계를 유지하려 노력했어요. 하지만 명나라와 후금 사이에서의 줄타기 외교는 그리 오래가지 못했어요. 1623년에 인조반정이 일어나 광

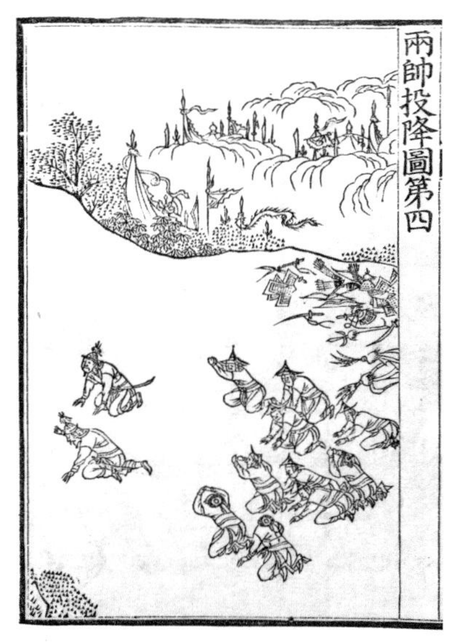

〈양수투항도〉 조선 후기의 화가 김후신의 그림으로, 강홍립이 후금에 투항하는 장면을 묘사했다.

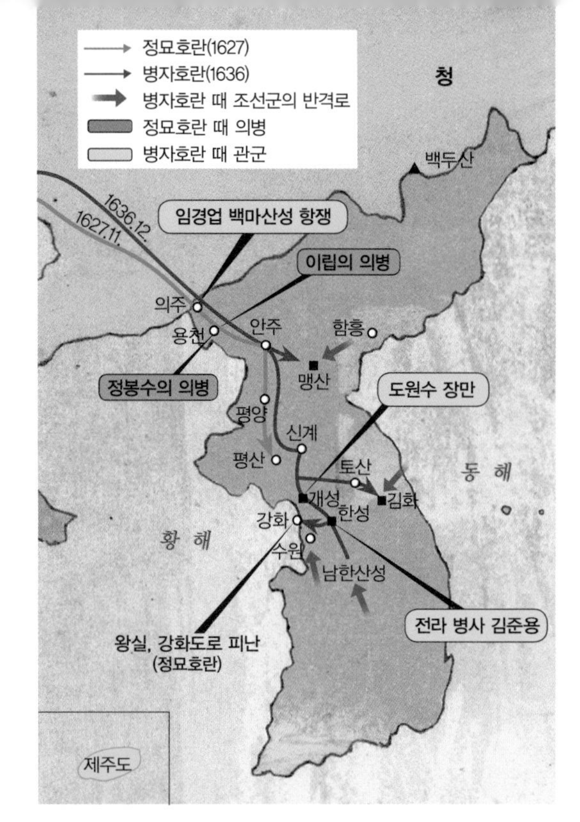

정묘호란·병자호란 정묘호란 때 후금군의 진격로, 병자호란 때 청나라 군의 진격로와 조선군의 활약 모습이다.

해군이 왕위에서 쫓겨났거든요. 인조를 새로운 왕으로 추대한 신하들은 명나라를 배신한 광해군의 외교 정책을 비난했어요. 이후 조선의 외교 정책은 명나라의 편에 서서 후금을 배척하는 방향으로 추진되었지요.

조선의 새로운 외교 정책이 후금을 자극하던 중 마침 조선에서 일어난 이괄의 난은 후금에 조선을 침략할 구실을 제공했어요. 이괄은 인조반정의 공신이었지만 적절한 대우를 받지 못해 불만을 품고 반란을 일으켰어요. 반란은 곧 진압되었지만 반란군 중 일부가 후금으로 도망쳐 인조 즉위의 부당성을 호소하면서 문제가 발생했지요.

조선을 칠 기회만 노리고 있던 후금은 광해군에 대한 보복을 명분으로 앞세우며 1627년에 조선을 공격했어요. 정묘호란이 발발한 것이지요. 후금군이 남쪽으로 진격해 오자 조선 각지에서 관군과 의병이 일어나 대항했어요. 인조 역시 강화도로 피신해 전쟁을 준비했지요. 하지만 군사 작전을 지원할 보급로가 끊기고 병력이 부족해지자 후금 쪽에서 먼저 강화를 제의했어요. 강화의 조건은 명나라의 연호인 '천계(天啓)'를 쓰지 말 것과 왕자를 인질로 할 것 등이었지요.

조선 역시 전쟁 준비가 미흡했던 터라 후금의 제의를 받아들였어요. 그 결과 양측은 후금군이 즉시 철병할 것, 양국이 형제국이 될 것, 조선은 후금과 화약을 맺되 명나라와 적대하지 않을 것 등을 조건으로 정묘조약을 마무리했답니다.

정묘호란 이후 후금은 세력을 점점 더 키우더니, 1636년에는 나라의 이름을 청으로 고쳤어요. 이후 청나라는 자신들의 통치자를 황제라 칭하며 명나라와 대등함을 과시하는 한편 조선에 늘 신하의 관계를 요구했어요. 중국 대륙을 정복하기에 앞서 후방의 근심거리인 조선을 장악하고자 한 거예요.

명나라에 대한 의리를 중시하던 조선의 신하들은 청나라와 적극적으로 싸우자며 주전론을 내세웠어요. 그러자 청나라의 강대함을 인정하고 외교 교섭을 통해 문제를 해결하고자 했던 주화론 편의 신하들이 반대하고 나섰지요. 결국 조정의 대세가 주전론으로 기울면서 조선과 청나라의 관계는 다시 나빠졌어요. 그리고 1636년 12월에 청나라의 태종이 직접 12만 명의 군사를 이끌고 조선을 침략했지요. 이를 병자호란이라고 해요. 청나라의 군대는 압록강을 넘은 지 불과 5일 만에 한양에 다다랐고 이 소식을 들은 인조는 황급히 남한산성으로 피했어요. 왕족과 일부 관리들은 미리 강화도로 피난을 갔지만 인조는 청나라 군대 때문에 길이 막혀 강화도로 들어가지 못하고 남한산성으로 피신해야 했지요.

인조와 주전파 관료들은 청나라에 대항해 싸울 방안을 모색했으나, 당시 남한

남한산성 병자호란 때 인조가 피신했던 곳이다.

산성에는 1만 3000명의 군인과 50일 치의 식량만이 준비되어 있을 뿐이었어요. 벼랑 끝에 몰린 상황에서도 신하들은 주전파와 주화파로 나뉘어 대립했지요. 그러다 결국 강화도가 청나라의 수중에 떨어지며 왕자와 비빈이 사로잡히고 말았어요. 1637년 1월에 인조는 45일간의 농성을 멈추고 삼전도에 있던 청나라 진영으로 가 항복할 수밖에 없었답니다.

> 임금이 세자와 함께 남색 군복을 입고 나갔다. 청나라 태종은 …… 누런 천막과 양산을 펴 놓고 성대하게 무장한 병사와 깃발을 늘어놓고 …… 우리나라 임금으로 하여금 100보 정도를 걸어서 삼정승과 육조판서를 데리고 삼배구고두의 예를 평지에서 행하도록 했다. …… 임금이 성을 나갈 때 온 성안 사람이 곡하면서 보내니 곡소리가 천지를 뒤흔들었다.
>
> –《연려실기술》(이긍익)

삼전도비 병자호란에서 승리한 청나라의 요구로 세워졌다. 현재는 서울 송파구 석촌동에 위치해 있다.

인조는 세자를 비롯한 500여 명의 신하가 지켜보는 가운데, 청나라 황제를 향해 세 번 절하고 아홉 번 머리를 조아리는 삼배구고두의 굴욕적인 항복 의식을 행했어요. 바닥에 머리를 찧는 소리가 주변을 울렸고, 인조의 이마는 찢어져 피가 흘렀지요. 이로써 조선과 명나라의 외교 관계는 공식적으로 끊어졌고 두 왕자를 비롯한 수많은 사람이 청나라에 인질로 끌려가게 되었답니다.

이와 같은 상황에서 북벌론이 제기된 것은 자연스러운 일이었어요. '북벌'은 '북쪽의 청나라를 정벌한다.'는 뜻으로 병자호란의 치욕을 씻고 자존심을 회복하려는 조선인들의 의지가 담겨 있었지요. 청나라에 인질로 잡혀 있다가 돌아와 왕이 된 **효종**은 남한산성과 북한산성을 고쳐 쌓고 군대 양성에 힘을 쏟으며 북벌을 추진하고자 노력했어요. 하지만 청나라의 국력이 나날이 강성해진 데다 효종이 갑작스럽게 죽는 바람에 북벌은 실행으로 옮겨지지 못했지요.

한편 17세기 중엽에 청나라와 러시아는 국경 지대에서 충돌하곤 했어요. 조선은 지원병을 원하는 청나라의 요청에 따라 조총 부대를 두 차례 파병해 승리를 이끌어 냈지요. 청나라를 정벌하기 위해 양성한 조선의 군대가 오히려 청나라를 돕는 데 쓰이다니 역설적인 일이 아닐 수 없었어요. 이 일을 **나선 정벌**이라고 해요. 여기서 '나선'은 '러시아'의 발음을 한자로 옮긴 것이랍니다.

조선의 군대가 러시아군과 싸워 이긴 것은 다행스러운 일이었지만 청나라를 정벌하려는 본래의 목적을 달성하지 못한 것은 아쉬운 일이었어요. 그러나 차츰 시간이 흐르면서 청나라의 발달된 문화를 받아들여야 한다는 목소리가 높아지기 시작했어요. **북학**이라고 불리던 이 새로운 학풍은 18세기 중반부터 조선 사회에 두루 영향을 미쳤답니다.

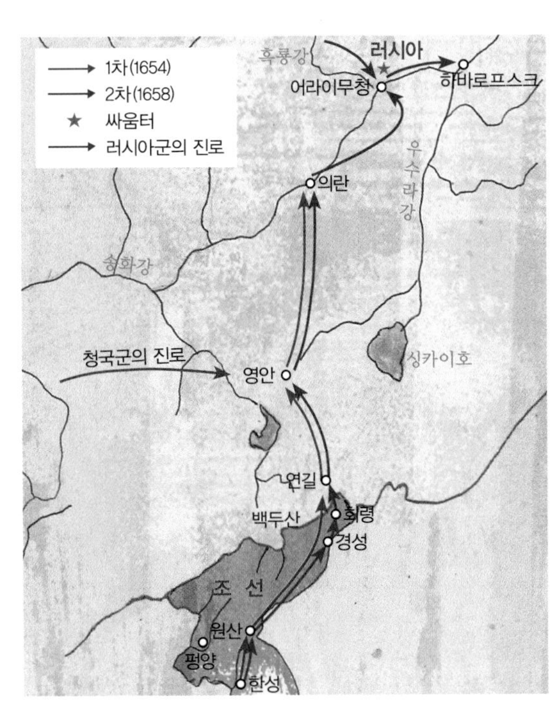

나선 정벌 청나라의 요청으로 조선은 조총 부대를 파견해 러시아를 정벌했다.

양 난이 끼친 영향

조선은 외세와의 거듭된 전쟁 이후 사회 전반에 걸쳐 큰 변화가 일어났어요. 7년간의 임진왜란으로 조선과 일본, 명나라 모두 피해를 입었지만 가장 큰 피해를 입은 것은 국토가 전쟁터로 이용된 조선이었지요. 인구가 크게 줄고, 토지는 황폐해진 데다 토지 대장과 호적이 대부분 사라져 국가 운영에 큰 어려움을 겪었거든요. 게다가 불국사와 경복궁 등의 귀중한 건축물이 불에 타고, 많은 문화재가 일본으로 유출되는가 하면 일본으로 잡혀 간 수만 명의 포로들 중 일부는 유럽 등지에 노예로 팔려 가기도 했지요.

안토니오 코레아

"난 안토니오 코레아, 정유재란 때 일본을 거쳐 유럽에 팔려 간 노예야. 이탈리아에서 우연히 루벤스라는 화가의 모델을 하게 되었는데, 유럽 인들이 보기에 한복이 꽤나 인상 깊었던 모양이야."

일본 역시 그리 좋은 상황은 아니었어요. 전쟁을 일으키며 많은 군사와 물자를 투입했지만, 애초의 목표였던 명나라의 정벌은커녕 조선의 영토도 차지하지 못했거든요. 게다가 조선의 항복도 받아내지 못했지요. 하지만 일본은 임진왜란을 통해 문화적인 성장을 이룰 수 있었어요. 조선에서 활자와 그림, 서적 등을 빼앗고, 학식이 높은 선비들과 우수한 인쇄 기술자들을 포로로 끌고 갔거든요. 또 이삼평, 심당길과 같은 도공을 끌고 가 일본의 도자기 제조 기술을 한 단계 끌어올리기도 했지요.

도요토미 히데요시가 죽은 뒤 도쿠가와 이에야스가 일본의 실권을 잡았어요. 그러고는 지금의 도쿄 지방인 에도에 막부를 열었지요. 막부란 본래 지휘관이 머물며 군사를 지휘하던 군막을 가리키는 말인데, 넓은 의미로는 1192년부터 1868년까지 이어진 일본의 무사 정권을 지칭하기도 해요.

임진왜란 이후 조선과 일본 사이의 교류는 중단되어 있었는데 일본의 새로운 정부인 에도 막부가 들어서면서 조선에 다시 국교를 요청해 왔어요. 에도 막부는 사절단의 교류를 통해 조선의 문물을 받아들이는 한편, 조선으로부터 새 막부의 권위를 인정받아 이를 백성들에게 과시하고자 했어요. 이에 조선은 일본의 사정을 먼저 알아보고 전쟁 때 끌려간 포로들도 데려올 겸 사절단을 보내 1607년부터 일본과의 국교를 재개했답니다.

이때 일본으로 파견된 외교 사절단을 **통신사**라고 해요. 200여 년 동안 총 12차례에 걸쳐 파견되었지요. 파견될 때마다 300~500여 명의 인원이 6~12개월 동안 일본에 머물렀는데, 일본은 통신사 일행을 매우 극진히 대접했다고 해요. 사절단에는 조정의 관리부터 통역관, 문인, 화원, 의원, 악대, 호위 군사까지 다양한 사람들이 포함되어 있었어요. 1811년에 마지막 교류가 이루어질 때까지, 통신사는 양국의 관계를 평화적으로 유지하는 데 크게 기여했답니다.

〈조선통신사행렬도〉 일본으로 파견된 외교 사절단인 통신사는 일본에서 극진한 대접을 받았다.

임진왜란으로 인한 피해는 명나라도 피해갈 수 없었어요. 지원군을 보내는 것은 군사적으로나 경제적으로 크게 부담되는 일이었거든요. 명나라와 조선이 전란으로 쇠약해진 틈을 타, 후금을 세운 여진은 국호를 청으로 바꾼 뒤 마침내 명나라를 멸망시켰어요. 명나라에서 청나라로, 중원의 지배자가 교체되었지요. 그러나 명나라가 멸망한 이후에도 조선에서는 여전히 숭명사상을 따르는 사람이 많았어요. 숭명사상이란 명나라가 임진왜란 때 군사를 보내 준 점을 높이 사 명나라를 은인으로 삼고 숭배하는 것을 말해요. 의리와 명분을 중시하던 조선이었기에 그다지 이상한 일은 아니었지요. 숭명사상은 소중화주의로 이어졌어요. 이것은 한족의 명나라가 멸망한 상황에서 중국의 문명을 계승한 것은 조선이며, 그러므로 조선은 작은 중국으로서 세상의 중심이자 문명국이라는 자부심이 담겨 있는 사상이었지요.

한편 정묘호란과 병자호란으로 인한 피해는 왜란만큼 심각하지 않았어요. 비교적 짧은 기간에 끝이 났고, 전투 역시 일부 지역에서만 벌어졌거든요. 하지만 청나라의 군대가 거쳐 간 한반도의 서북 지방은 약탈과 살육으로 엄청난 피해를 입었어요. 수많은 사람이 포로로 끌려가 고통을 겪기도 했지요. 당시 1000만 명이던 조선의 인구 중, 무려 50만 명이 청나라로 납치되었다고 해요.

> 비록 본심은 아니었다고 하더라도 변을 만나 죽지 않았으니 절개를 잃지 않았다고 할 수 있겠는가. ······ 이미 정조를 잃었으면 남편과의 의리가 끊어진 것이니 억지로 다시 합하게 해서 사대부의 가풍을 더럽힐 수는 절대 없다.
>
> —《인조실록》

《인조실록》에서는 환향녀에 대해 위와 같이 기록하고 있어요. '환향'은 '고향에 돌아왔다.'라는 뜻으로, 환향녀는 호란 때 청나라에 포로로 끌려갔다가 돌아온 조선 여인을 가리키는 말이에요. 이 여인들은 성리학이 지배하는 조선에서 오랑캐에게 능욕을 당한 부정한 여자로 여겨지며 많은 비난을 받았어요. 환향녀에게서 태어난 자식 또한 호래자식이라 불리며 무시당했는데, 이는 아비 없는 오랑캐의 자식이란 뜻이었지요. 오늘날에도 모욕적인 의미로 사용되고 있는 환향녀와 호래자식은 이처럼 우리 역사의 아픔을 담고 있는 말이랍니다.

평소 오랑캐라고 무시하던 여진에게 패했다는 사실은 조선인들에게 큰 충격을 주었어요. 국왕을 포함한 지배층의 권위도 추락했지요. 치욕과 분노로 들썩이던 조선의 분위기는 급기야 청나라를 군사적으로 정벌하려는 쪽으로 흘렀지만 결국은 실행되지 못했지요.

호란이 끝난 뒤, 조선은 청나라와 새로운 관계를 맺게 되었어요. 조선은 청나라에 조공을 보내고, 청나라는 책봉으로서 조선을 인정해 주었지요. 이와 같은 조공·책봉 관계는 전쟁을 통해 수립된 것이었기 때문에 청나라는 조선을 감시하기 위해 수시로 사신을 파견했고, 조선 역시 이에 응해 사신을 보냈어요. 처음에는 청나라에 사대 외교를 해야 한다는 사실에 조선의 반발심이 컸지만, 시간이 흐르면서 양국의 관계는 점차 안정기로 접어들었답니다.

청나라의 도읍인 연경(베이징)에 간 사신이라는 의미로 연행사라 불렸던 조선 사절단은, 병자호란 직후인 1637년부터 1894년까지 무려 507회나 파견되었어요. 압록강을 건너 연경까지 가는 길은 멀고도 험해서 임무 수행 중에 병들거나 죽는 사람들도 있었지요. 장장 5개월에 이르는 기간 동안 연행사 일행은 새로운 문물을 살피고 청나라의 학자들과 교류하며 조선의 경제·문화적 발전에 이바지했어요.

연행사의 이동 경로

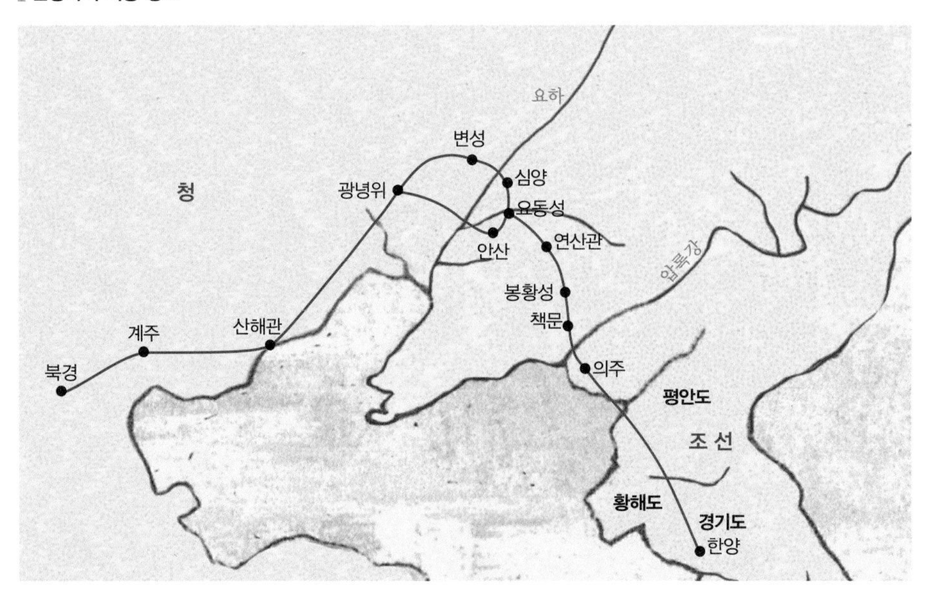

한편 전쟁이 남긴 상처와 피해는 국방의 중요성을 절감하게 했어요. 임진왜란 중 조선 정부는 **훈련도감**을 설치하고 조총을 다루는 포수와 창검을 사용하는 살수, 활을 쏘는 사수로 구성된 직업 군인을 배치했어요. 평소에는 농사를 짓다가 몇 년에 한 번씩 군대에 복무하는 군인이 전부였던 이전의 군사 제도와는 확연한 차이가 있었지요. 청나라에 대항하는 과정을 거치며 군사 제도는 더욱 강화되었어요. 조선 정부는 총융청을 설치해 경기 지역의 군사에 관한 일을 맡아보게 하는 한편 남한산성을 지키는 수어청과 경상도·전라도·충청도·강원도·경기도·황해도를 지키는 어영청을 설치하고, 후에 금위영까지 추가로 마련해 서울을 지키게 했어요. 이들 역시 직업 군인으로 구성되었지요. 이처럼 조선은 참혹한 패전의 경험을 바탕으로 효과적인 군사 제도를 완성시켜 갔어요.

임진왜란과 정유재란은 조선의 국토를 황폐하게 만들었어요. 하지만 조선 수군의 우수성을 발견한 계기가 되었고, 의병이 일어나 나라를 구하기 위해 싸웠다는 점에서 긍정적인 의의가 있어요. 또 병자호란과 정묘호란 때문에 인조가 청나라의 황제에게 삼배구고두의 예를 갖추는 등의 치욕을 겪긴 했지요. 하지만 이를 계기로 조선의 군사력을 재정비하게 되었다는 점과 연행사를 통해 청나라의 문물을 받아들일 수 있었다는 점에서 의미를 찾을 수 있답니다.

붕당 정치와 탕평책

19세기 후반의 학자인 이건창은 조선 시대 당쟁의 역사를 정리한 《당의통략》에서 붕당에 대해 이렇게 밝혔어요.

> 더없이 크고, 더없이 오래되고, 더없이 말하기 어려운 것.

'친구 붕(朋)' 자에 '무리 당(黨)' 자를 붙인 '붕당'이라는 단어는, 본래 조선 시대에 같은 학통과 성향을 가진 사람들로 이루어진 무리를 가리키는 말이었어요. 이러한 정치 집단은 현대 민주 정치에서도 없어서는 안 될 매우 중요한 존재예요. 하지만 국가나 국민을 우선으로 생각해야 할 정당들이 자신들의 권력 다툼에만 치중하면서 여론의 비난을 받기도 하지요. 이러한 현상은 조선 시대에도 비슷하게 나타났어요.

수차례 사화를 겪은 후 훈구파를 몰아내고 중앙 정계의 주도 세력으로 성장한 사림파는 개혁의 방법을 놓고 의견 충돌을 빚게 되었어요. 그러다 1575년이 되자 사림파는 동인과 서인으로 분리되었고, 이렇게 해서 붕당 정치의 오랜 역사는 시작되었답니다.

사림파가 동인과 서인으로 나뉘게 된 것은 이조 전랑이라는 관직 때문이었어요. 이조 전랑은 품계가 높은 관직은 아니었으나, 3사 관리의 임명을 좌우하는 권한을 가지고 있었어요. 그래서 당시 정치인들은 이조 전랑직을 장차 높은 벼슬로 오르기 위해 거쳐야 할 중요한 단계로 여겼어요. 그러다 보니 이조 전랑직에 오를 인물을 정하는 것은 매우 민감한 문제일 수밖에 없었지요. 김효원과 심의겸이 이 관직을 차지하기 위해 대립하면서 사림파는 두 무리로 갈라졌어요.

"저는 퇴계 이황입니다. 중국에서 들여온 성리학을 조선의 실정에 맞게 체계적으로 발전시켰지요. 원리와 원칙에 충실한 것이 특징인데, 동인 중에서 저의 학문을 따르는 사람들이 매우 많았어요."

"저는 율곡 이이입니다. 조선 시대의 성리학자이자 정치인이었지요. 현실 문제를 해결하는 것에 관심이 많은 편으로, 서인 중에서 저의 학문을 지지하는 사람들이 많았답니다."

당시 김효원의 집이 서울의 동쪽에, 또 심의겸의 집이 서울의 서쪽에 있었기 때문에 이들을 따르던 무리를 각각 동인과 서인이라고 부르게 되었답니다.

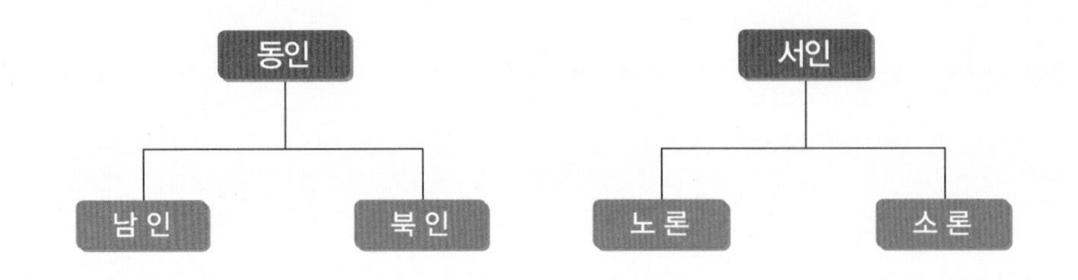

붕당의 갈래

학풍과 정치적 견해 등에서 입장의 차이는 있었지만, 초기의 붕당은 서로를 비판하며 바른 정치를 구현하기 위해 힘썼어요. 선의의 경쟁을 한 셈이었지요. 하지만 시간이 지나면서 붕당은 격렬히 대립하는 한편 그 수 또한 점차 늘었어요. 의견 충돌을 일으키는 정치 사안들이 많이 발생했기 때문이지요.

붕당 간의 격렬한 대립을 보여 준 대표적인 사건으로 현종 때 두 차례에 걸쳐 발생한 예송 논쟁을 꼽을 수 있어요. '예송'이란, '궁중 의례의 적용에 관한 논란'이라는 뜻으로 상복을 입는 기간을 둘러싼 것이었어요. 이 논쟁은 현종의 아버지인 효종이 둘째 아들로서 왕위에 올랐던 사실에서 비롯되었지요. 1659년에 효종이 죽었을 때와 1674년에 효종의 비인 인선 왕후가 세상을 떠났을 때, 효종의 새어머니인 자의 대비가 얼마 동안 상복을 입어야 하는지를 놓고 붕당 간에 의견이 대립했어요. 한편에서는 효종이 둘째 아들이었으므로 일반 사대부의 예법에 맞춰 대비가 상복을 짧게 입어도 된다고 주장한 반면 다른 쪽에서는 첫째 아들은 아니었지만 엄연히 왕위를 이었으므로 국왕의 예법에 따라 상복을 길게 입어야 한다고 주장했지요.

겉으로 드러난 논쟁의 화두는 상복을 입는 기간에 대한 것이었지만, 실상은 단순한 예법의 문제가 아니었어요. 서인과 남인 사이에 누적된 학문적 견해의 차이와 국왕의 지위에 대한 상충된 입장 등이 표출된 문제였기 때문이에요. 서인은 효종이 왕이지만 첫째 아들이 아님을 지적했고, 남인은 둘째 아들이어도 왕이므로 *적통에는 문제가 없다는 입장이었지요.

서인과 남인의 대립은 숙종 때 정치적 상황이 여러 차례 전환되면서 더욱 깊어졌어요. 14세의 어린 나이에 왕위에 오른 숙종은 국왕의 권위로 하나의 붕당이 국가 운영을 도맡게 하는 방식을 취했어요. 붕당의 힘이 지나치게 강해지는 것을 막고 왕권을 안정시키기 위해 붕당을 자주 교체했던 것이지요. 이러한 현상을 '바꾸다'라는 뜻을 가진 한자 '환(換)'을 써서 환국이라고 해요. 숙종이 국정에 참여할 붕당을 자주 교체하자, 신하들은 숙종에게 잘 보이기 위해 경쟁했어요. 그러다가 환국이 일어나면 정국을 주도하던 붕당이 바뀌고, 상대 붕당에 대한 가혹한 보복과 탄압이 뒤따랐지요. 이러한 과정에서 선의의 경쟁을 펼치고 적절한 정치적 견제를 이루던 붕당의 본래 성격은 사라지고, 상대 세력을 철저하게 무시하는 폐단만 남게 되었답니다.

> 붕당의 폐해가 요즘보다 심한 적이 없었다. 처음에는 학문에 대한 해석이 달라 소란스럽더니, 지금은 한쪽 사람을 모조리 반역하는 당으로 몰고 있다. …… 근래에 들어 모두 같은 붕당의 사람들만 등용하려고 한다. …… 이러면 나라가 장차 어떻게 되겠는가?
>
> –《영조실록》

이러한 상황에서 왕위에 오른 영조는 붕당 간의 갈등을 줄이고 왕권을 강화하기 위해 탕평책을 실시했어요. '탕평'이란, '임금의 정치가 한쪽으로 치우치지

적통 적자 자손의 계통

탕평비 《예기》에 있는 '신의가 있고 아첨하지 않는 것은 군자의 마음이요, 아첨하고 신의가 없는 것은 소인의 사사로운 마음이다.'라는 구절이 새겨져 있다.

않은 공평한 상태'를 의미해요. 영조는 붕당에 관계없이 인재를 고루 등용하고, 자신을 따르는 신하들을 탕평파로 조직해 정국을 운영했어요. 그리고 붕당의 근거지라고 할 수 있는 서원을 대폭 정리하고, 인사권을 담당하던 이조 전랑의 권한도 약화시켰지요. 조선 최고의 학교인 성균관에 붕당을 경계하는 문구를 새긴 탕평비가 세워진 것도 이때였답니다. 영조의 이러한 노력은 상당한 성과를 거두었어요. 치열하던 정치 다툼이 점차 완화되고 왕권 또한 강해졌지요.

영조의 뒤를 이어 왕이 된 정조 역시 적극적인 탕평책을 펼쳤어요. 정조는 영조에 의해 뒤주에 갇혀 세상을 떠난 사도세자의 아들로, 아버지의 죽음과 관련해 한이 깊은 사람이었어요. 하지만 국정을 안정적으로 운영하기 위해 사도세자의 죽음에 연루된 노론 세력을 내쫓지 않고 정치적으로 포용하는 모습을 보여 주었지요. 정조는 지나치게 세력이 커진 외척 세력을 쫓아내고, 청렴하고 능력 있는 관리라면 붕당을 가리지 않고 대거 등용했어요. 또 왕실 도서관인 규장각의 기능을 강화해 강력한 정치 기구로 만드는 한편 왕권을 강화하기 위해 왕을 호위할 장용영을 조직했지요. 이때 규장각에서는 개혁을 담당할 인재들이 많이 배출되었는데 정조의 개혁 의지에 힘입어 박제가나 유득공 같은 명석한 서얼 출신 관료들이 등장하기도 했답니다.

이건창이 붕당을 '더없이 말하기 어려운 것'이라고 했던 것처럼 붕당 정치는 전통이 오래되었을 뿐 아니라, 그 전개 과정이 매우 복잡해 한마디로 성격을 규정하기 어려워요. 역사를 연구하는 사람들 사이에서도 붕당의 순기능에 주목하는 적극적인 붕당론과 폐해를 지적하는 비판적인 붕당론이 공존하고 있지요.

일제 강점기의 식민주의 역사학자들은 한국인은 정치적으로 서로 싸우기를 좋아해 결국 조선이 망했다고 주장했어요. 이를 당파성론이라고 해요. 당파성론은 일본의 국권 침탈을 합리화하고 한국인에게 패배 의식을 심어 주려는 의도에서 비롯한 엉터리 이론이에요. 역사를 대할 때 다양한 관점을 인정하는 것도 중요하지만 분명한 근거를 따져 보는 것 또한 매우 중요해요. 따라서 올바른 근거도 없이 사람들을 현혹시키는 당파성론과 같은 이론은 주의해야 한답니다.

세도 정치와 삼정의 문란

탕평책의 시행으로 정치는 어느 정도 안정을 찾았지만 붕당 정치의 근본적인 문제가 해결된 것은 아니었어요. 탕평책이 모든 정치인들에게 지지를 얻지 못한 데다 정치권력이 국왕 개인에게 지나치게 집중되는 현상이 나타났기 때문이에요. 결국 강력한 왕권으로 붕당 간의 대립을 잠시 억누르고 있던 것에 불과했던 것이지요. 국왕의 개인적인 역량이 뛰어났던 영·정조 시기가 지나고 나이 어린 임금들이 연이어 즉위하면서 조선은 다시 혼란에 빠지고 말았어요.

정조의 뒤를 이어 순조가 왕위에 올랐어요. 하지만 11세의 어린 임금이었던 순조는 국왕으로서의 권위가 부족했지요. 관례에 따르면 왕이 20세가 되기 전에는 왕실의 웃어른인 왕대비나 대왕대비가 왕을 대신해 정치를 했어요. 이를 수렴청정이라고 하는데, 왕대비가 신하를 접견할 때 그 앞에 발을 드리워 얼굴을 가리고 있던 데서 유래한 말이에요. 순조의 증조할머니인 정순 왕후는 어린 국왕을 대신해 수렴청정을 하는 과정에서 스스로를 여군(女君) 또는 여주(女主)라고 부르며 권위를 과시했어요.

어린 임금 대신에 여군이 정치를 한다고 해서 조금이라도 탐탁지 않은 마음을 품고 있다면, 본래 나라의 법이 있으니 내가 비록 여자이긴 하지만 조처할 방안이 없겠는가? 모쪼록 각기 두려운 마음으로 명령을 시행토록 하라.

-《순조실록》

3년간의 수렴청정이 끝나고 정순 왕후가 세상을 떠나자 순조가 직접 정사를 돌보기 시작했어요. 하지만 이번에는 순조의 장인인 김조순을 중심으로 안동 김씨 일파가 극성을 부렸어요. 안동 김씨는 17~18세기에 걸쳐 수많은 재상을 배출한 한양의 이름난 가문이었는데, 국왕과 사돈을 맺으면서 기세가 더욱 등등해졌지요. 이처럼 왕실의 근친이나 신하가 정권을 독점한 19세기 전반의 정치 형태를 세도 정치라고 해요. 정권을 휘두르는 집안이나 사람을 세도가라고 하는데, 바로 그 세도가가 권력을 잡았다는 의미지요. 순조는 암행어사를 파견하고 하급 관료를 육성하는 등 나름대로 왕권을 강화하고자 노력했지만, 세도가의 손아귀에서 벗어나는 것은 쉬운 일이 아니었답니다.

1834년에는 순조의 뒤를 이어 그의 손자인 헌종이 8세의 나이로 왕위에 올랐

정순 왕후릉(원릉) 조선 제21대 왕 영조와 계비 정순 왕후 김씨의 능으로, 경기도 구리시 동구동에 위치해 있다.

순원 왕후릉(인릉) 조선 제23대 왕 순조와 비 순원 왕후 김씨의 능으로, 서울 강남구 내곡동에 위치해 있다.

어요. 본래 순조의 왕통은 아들인 효명 세자에게로 이어질 예정이었어요. 효명 세자는 1827년에 이미 순조를 대신해 정국을 돌보기도 했는데 현명한 인재를 등용하고 선정을 베푸는 등 어진 정치를 펼쳤다고 해요. 그러나 효명 세자는 정식으로 왕위에 오르기 전, 21세의 젊은 나이로 세상을 떠났어요. 한편 어린 헌종을 대신해 또다시 수렴청정이 시작되었어요. 헌종의 할머니인 순원 왕후가 수렴청정을 맡았는데, 순원 왕후 역시 안동 김씨 가문의 출신으로 이후 세도 정치의 폐해는 더욱 깊어졌어요. 헌종의 외척 가문인 풍양 조씨 역시 한때 세도 정권을 형성해 안동 김씨와 경쟁을 벌였지요.

짙은 눈썹과 갸름한 얼굴, 쌍커풀이 깊게 진 동그란 눈. 다음에 나오는 초상화 속의 주인공은 조선의 제25대 왕인 철종이에요. 존엄한 임금이라기보다는 순진한 젊은이의 모습 같아요. 철종의 본명은 이원범으로, 정조의 동생인 은언군의 손자예요. 철종은 은언군이 홍국영과 함께 역모를 꾀했다는 모함을 받으면서 강화도로 쫓겨나 땔감을 팔아 생계를 유지했어요. 왕족의 신분이었으나 평범한 농부의 삶을 살았지요. 양반들은 이런 철종을 비꼬아 강화 도령이라 부르기도 했어요. 그런 그가 조선의 왕이 될 수 있었던 것은 세도가인 안동 김씨의 영향이 컸어요. 안동 김씨 가문은 권력을 계속 유지하기 위해 정치적으로 힘이 약한 국왕이 필요했어요. 시골 출신의 무식한 철종은 허수아비 왕 역할로 제격이었지요. 아들 없이 죽은 헌종의 뒤를 이어 철종이 19세의 나이로 왕이 되자, 안동 김씨는 또다시 천하를 손에 넣게 되었어요.

이렇듯 순조, 헌종, 철종이 왕으로 있던 60여 년은 힘 있는 몇몇 가문이 모든 정치권력을 장악한 세도 정치의 시대였어요. 왕권은 땅에 떨어지고, 모든 국가 정책은 세도 가문의 사랑방에서 결정되었지요. 힘 있는 가문 출신이 아니면 과거에 합격하기 어려웠고, 돈으로 관직을 사고파는 일도 빈번하게 일어났어요. 설

철종의 초상화 화재로 3분의 1 정도 소실된 그림을 복원한 것이다.

령 운 좋게 과거에 급제하더라도 뇌물을 바치지 않으면 좋은 관직에 나아갈 수 없었지요.

> 떵떵거리는 수십 집안이
> 대를 이어 가며 나라의 녹봉을 먹는다.
> 서로들 돌아가며 싸우고 죽이면서
> 약한 이를 고기 삼아 힘센 놈이 먹어 치우네.
> 세력을 휘두르는 대여섯 집안

재상 자리 대감 자리 모두 다 차지하고

관찰사 절제사도 완전히 차지하네.

– 〈여름날에 술을 마시며〉 (정약용)

이 시에는 권력을 휘두르며 사리사욕만 챙기는 세도 관리들의 생활이 잘 나타나 있어요. 이처럼 정치 기강이 무너지고 사회가 혼란한 가운데, 가장 큰 피해를 입은 것은 다름 아닌 농민들이었지요.

당시 농민들은 크게 세 가지 명목으로 나라에 돈을 바쳤어요. 토지를 대상으로 거두던 전세와 군역의 의무가 있는 남자에게 이를 면제해 주는 대신으로 받는 군포, 봄에 곡식을 빌려 주었다가 약간의 이자를 붙여 가을에 갚게 하는 환곡이 그것이었지요. 이 중 환곡은 본래 굶주린 백성을 구제하기 위한 정책이었으나, 정부가 이자 수입을 늘리기 위해 백성의 의사와 관계없이 일방적으로 운영하면서 세금의 성격을 띠게 되었어요. 물론 이외에도 명목 없이 거두는 세금들이 많았지요.

전세는 원래 1결당 20두 정도였으나, 여러 구실을 붙여 100두 정도를 거두어 갔어요. 농사짓기 힘든 황무지는 물론, 실제로 소유하지 않은 토지에도 부과되었지요.

군포는 16세 이상 60세 이하의 양인 남자 1인당 1필씩을 내도록 되어 있었으나, 실제로는 젖먹이 아이에서부터 노인은 물론, 죽은 사람에게까지 부과되었어요. 그것도 모자라 이웃이나 가족에게 강제로 군포를 부과하는 등의 불법적인 방법이 성행했지요.

폐해가 가장 심각했던 것은 환곡이었어요. 정부는 필요 이상의 곡식을 강제로 꾸어 주곤 했는데 곡식에다 쭉정이나 모래를 섞어 양을 두세 배로 늘려서 빌려

주었어요. 강제로 떠맡겨진 환곡이 한 집당 적게는 8~9섬에서 많게는 50~60섬까지 이르렀지요. 게다가 환곡을 거두어들일 때는 이자를 7~8할씩 부과하거나 돈으로 내도록 해 악성 고리대의 성격을 띠었다고 해요. 이처럼 조선 재정의 근간을 이루던 전정·군정·환곡의 세 가지 수취 체제가 변질된 현상을 삼정의 문란이라고 해요. 이러한 상황이 계속되면서 백성들의 삶은 갈수록 힘들어졌지요. 조선 시대의 한글 소설인 《춘향전》에서 암행어사로 출두한 이몽룡이 백성을 착취하는 수령을 풍자하며 지은 시구를 보면 당시의 상황을 쉽게 짐작할 수 있어요.

> 금 항아리 속의 맛있는 술은 백성의 피요.
> 옥 접시의 맛있는 음식은 백성의 기름이라.
> 촛농이 떨어질 때 백성의 눈물이 떨어져
> 노랫소리 높은 곳에 원망의 소리 또한 높구나.

19세기에는 세도 정치뿐 아니라 기근, 질병 및 자연재해가 잇따라 일어나 백성들의 고통을 더욱 심화시켰어요. 정부는 암행어사를 파견하는 등의 방법을 통해 사회적 혼란을 바로잡으려 했지만 근본적인 문제는 해결할 수 없었지요. 굶주린 농민들은 도적 떼가 되거나, 탐관오리를 비방하는 벽보를 붙이는 등 점차 적극적인 방식으로 불만을 표출하기 시작했어요. 산발적으로 나타나던 백성들의 반발은 시간이 흐르면서 점차 조직적으로 발전해 갔지요.

임진왜란을 부르는 다양한 명칭

1592년에 시작된 임진왜란은 조선, 일본, 명나라 모두에게 참혹한 피해를 입혔지만, 서로 다른 목적을 가지고 전쟁에 참여한 만큼 전쟁을 바라보는 시각이 다르답니다. 이러한 인식의 차이는 전쟁을 부르는 명칭에서도 다양하게 나타나지요.

〈부산진 순절도〉 부산진 전투는 임진왜란의 첫 번째 전투였다.

우리나라에서는 일반적으로 이 전쟁을 '임진왜란'이라고 부르는데, 1597년에 일어난 2차 전쟁을 '정유재란'이라고 따로 지칭하기도 해요. 두 명칭 모두 '란(亂)'이라는 한자를 포함하고 있는데, 이는 '난동'이나 '소란'의 의미를 담고 있지요. 조선은 중국 대륙으로 진출하려는 야욕으로 우리 땅을 침략한 일본을 잘 막아 내며 위기를 넘겼지만 전 국토가 전쟁터로 이용되는 바람에 처참한 피해를 입었어요. 게다가 구체적인 국방 정책을 마련하지 못한 상태였기 때문에 그 피해가 더욱 클 수밖에 없었지요. 그래서

'임진년에 벌어진 일본인의 난동'이라는 뜻의 '임진왜란'이라는 명칭에는 조선 땅을 무단으로 침략해 큰 피해를 입힌 일본에 대한 분노와 적개심이 담겨 있어요.

우리나라의 '임진왜란'과 '정유재란'에 해당하는 일본어로는 각각 '분로쿠노 에키'와 '게이초노 에키'가 있어요. '분로쿠'와 '게이초'는 일본 천황이 사용한 연호이고, '에키'라는 말은 '싸움' 또는 '전쟁'이라는 뜻이지요. 분로쿠와 게이초 시대의 전쟁이라는 이 용어들에는 충돌의 상황이 객관적으로 설명되어 있을 뿐 침략의 의미는 담겨 있지 않아요. 이 명칭들이 1910년에 공식화되기 전까지 일본에서는 '조선 정벌'이라는 명칭을 주로 사용했다고 해요. 그러다가 1910년에 우리나라를 강제로 병합하고 나서 이미 일본의 영토가 된 한반도를 정벌했다고 말하기는 곤란하다며 '분로쿠노 에키'와 '게이초노 에키'라는 명칭을 새롭게 만들었지요.

중국 역시 참전국으로서 이 전쟁을 역사에 기록하고 있어요. 중국이 사용한 명칭은 '항왜원조'로, '일본에 맞서 조선을 도운 전쟁'이라는 뜻이지요. 여기서 주목해야 할 글자는 '도울 원(援)' 자예요. 이 글자를 통해 명나라가 조선에 은혜를 베풀었다는 분위기를 풍기고 있기 때문이지요. 이후 조선은 명나라와 청나라의 교체기에 이를 때까지 명나라의 은혜에 보답할 방안을 고민할 수밖에 없었어요. 중국과의 외교 관계를 둘러싼 주전파와 주화파의 치열한 갈등과 광해군의 중립 외교 그리고 인조반정 등은 이러한 고민 중에 나타난 사건들이었지요. '항왜원조'라는 명칭의 위력은 이처럼 전쟁 이후의 역사에까지 영향을 미칠 정도로 대단한 것이었어요.

3장

경제 정책과 경제생활의 변화

"농업은 본업이요, 수공업과 상업은 말업이다."

《중종실록》에 실린 이 문장을 통해서도 알 수 있듯 조선은 농업 중심의 경제 체제를 갖추고 있었어요. 반면 수공업과 상업은 큰 발전을 이루지 못하다가 농업의 발달로 국가의 생산력이 증대되면서 자연스럽게 발달하며 활발해졌지요. 이제부터는 조선 경제의 특징과 그 변화 양상에 대해 알아보도록 해요.

조선의
경제 정책

나라는 백성을 근본으로 삼고, 백성은 먹을 것을 하늘로 삼는다. 농사짓기는 입을 것과 먹을 것의 근원이니 임금의 정치에서 먼저 해야 할 일이다.

－《권농교서》(하위지)

1444년에 반포된 《권농교서》는 세종이 백성들에게 농사에 힘쓸 것을 권고하기 위해 하위지에게 명해 펴낸 책이에요. 이처럼 조선의 국왕은 농사를 매우 중요하게 여겼어요. 백성들에게 농사를 장려하기 위해 왕이 직접 밭을 가는 시범을 보이기도 했지요.

조선의 왕은 매년 초, 동대문 밖의 선농단에서 풍년을 기원하는 제사를 드린 뒤, 두 마리의 소가 끄는 쟁기로 그 앞에 마련된 땅을 갈았어요. 행사가 끝난 뒤에는 제사에 사용된 쇠고기를 모두 나누어 먹었는데 많은 사람에게 나누어 주기 위해 소의 머리, 발, 도가니, 내장 등을 푹 고아서 국을 만들었지요. 선농단 앞에서 만든 음식이라고 해서 '선농탕'이라 불린 이 국은 설렁탕의 기원이 되었다는 이야기도 있어요.

정부가 적극적으로 권농 정책을 추진하면서 세종 대에는 강우량을 측정하는 기구인 측우기와 오늘날 전하는 가장 오래된 농서인 《농사직설》이 탄생했어요. 《농사직설》은 각 도의 관찰사가 전국 각지 농부들에게서 들은 농사에 관한 지식을 수집해 엮은 책으로, 이전까지 참고해 오던 중국의 농서가 우리나라의 풍토와 맞지 않아 별 도움이 되지 않았던 것과 달리 조선의 풍토에 맞는 농사법을 개발하고 발전시키는 데 큰 도움이 되었어요. 한편 성종 때의 강희맹은 자신의 경험을 바탕으로 농사법과 농작물에 대한 주의 사항 등을 담은 《금양잡록》을 펴냈어요. 이러한 기구와 책들 덕분에 조선의 농업은 더 크게 발달할 수 있었지요.

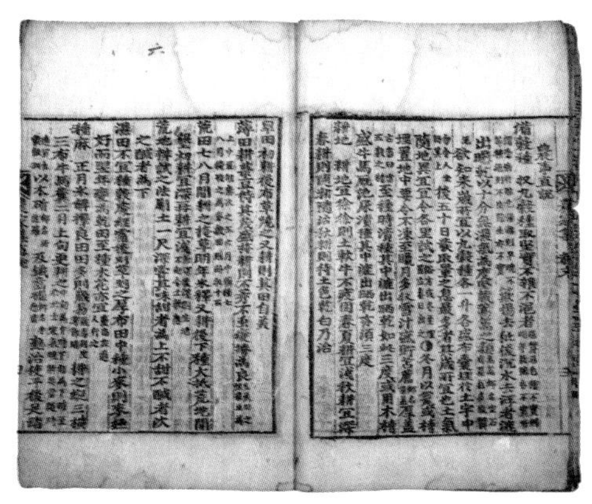

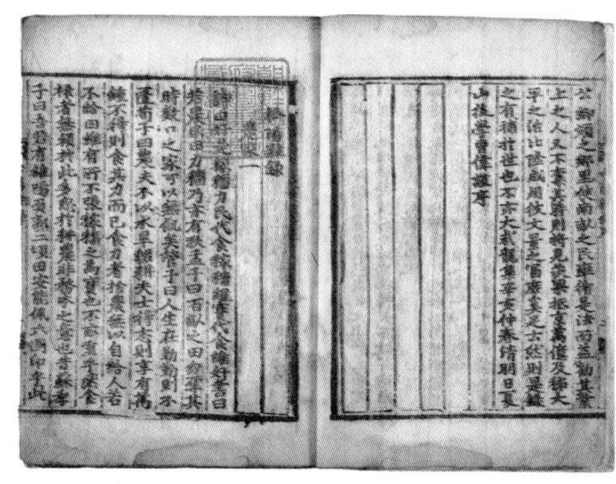

《농사직설》(위), 《금양잡록》(아래) 세종 때 펴낸, 오늘날 전해지는 가장 오래된 농서 《농사직설》과 성종 때 펴낸 농서 《금양잡록》의 모습이다.

지방관 역시 농업 발전에 힘을 더했어요. 그들은 농사의 진행 상황을 두루 살피며 농민들을 독려했지요. 지방 수령이 해야 할 일곱 가지 임무 중에 그 첫째가 농업을 발전시키는 것이었다고 하니 당시 농업이 얼마나 중요한 경제적 기반이었는지 짐작할 수 있겠지요.

• 수령칠사(守令七事)

첫째, 농사와 양잠을 발전시킨다.

둘째, 가호와 인구를 늘린다.

셋째, 학교를 크게 일으킨다.

넷째, 군사 관련 업무를 잘 다스린다.

다섯째, 세금과 부역을 고르게 매긴다.

여섯째, 소송을 간소하고 공정하게 한다.

일곱째, 간사함과 교활함이 없게 한다.

—《경국대전》

〈누숙경직도〉 농사짓는 일과 누에 치고 비단을 짜는 일을 그린 그림으로, 왕에게 농부와 누에 치는 여인들의 어려움을 알려 바른 정치를 하게 하려는 목적으로 그려졌다.

이와 같은 정부의 노력은 농민들의 생산 의욕을 북돋웠어요. 농민들은 힘써 일하며 새로운 농법을 적용해 수확량을 늘리기 위해 적극적으로 노력했어요. 그 결과 땅을 비옥하게 만들기 위해 인분이나 재를 거름으로 쓰거나, 콩과 녹두를 심었다가 수확하지 않고 갈아엎어 썩혀서 비료로 쓰는 녹비법 등이 개발되었지요. 고려 시대 때만 해도 땅의 비옥도가 낮아 1년씩 걸러 농사짓는 경우가 많았는데 조선 시대에 들어 거름을 사용하면서부터는 1년에 두 작물

수령칠사 수령이 고을을 다스리는 데 힘써야 할 일곱 가지 일

을 경작하는 이모작이나 2년에 세 번 경작하는 윤작도 가능해졌답니다.

농업용수를 안정적으로 공급하는 방안도 마련되었어요. 원래 우리나라는 연간 강수량이 많지 않은 데다가 비의 대부분이 여름철에 집중되어 있어 농업용수를 잘 관리해야만 했어요. 하천을 막아 보를 쌓거나 물레방아를 이용해 논에 물을 대는 기술이 발달하면서 농업 생산량은 물론 논의 비중도 크게 늘어났지요.

수리 시설을 보완하면서부터는 **이앙법**이 널리 퍼졌어요. 이앙법은 오늘날의 **모내기** 기술로, 모판을 만들어 볍씨를 키운 뒤 물을 댄 논에 옮겨 심는 방식이에요. 이앙법을 사용하면 잡초가 덜 자라 노동력을 절약할 수 있을 뿐 아니라, 수확량도 훨씬 많아진답니다.

농업에 비해 수공업의 발달은 미흡했어요. 수공업이란 손과 간단한 도구를 사용해 생산하는 작은 규모의 공업을 말해요. 당시에는 주로 무기나 화약, 의복, 문방구, 그릇 등의 물품을 수공업으로 만들어 냈지요. 사적으로 물건을 만들이 시장에 내다 파는 개인 수공업자도 있었지만, 대부분의 수공업자는 관청에 소속된 관영 수공업자였어요. 정부는 관영 수공업자들을 공장안이라는 명부에 등록해 두고 중앙과 지방의 관청으로 보내 물품을 만들게 했어요. 《경국대전》에 의

〈대장간〉 김홍도의 작품으로 수공업 과정이 잘 나타나 있다.

하면 한양에 2800명, 지방에 3500명 정도가 소속되어 있었다고 해요. 관영 수공업자들은 1년 중 몇 달은 관청에 나가 일을 해야 했지만, 이 의무를 다하면 자유롭게 개인적으로 물건을 만들어 판매할 수도 있었어요.

농가에서는 자급자족의 형태로 가내 수공업이 이루어졌어요. 베틀로 옷감을 짜거나 나무로 가구를 만드는 것처럼 말이지요. 전문적인 수준은 아니어서 품질은 관영 수공품에 못 미쳤지만 가내 수공품이 거래되던 장시가 활성화되면서 가내 수공업도 함께 발달했답니다.

수공업과 마찬가지로 상업도 국가의 통제로 인해 자유롭게 발전하지 못했어요. 성리학에서는 사농공상, 즉 선비, 농부, 수공업자, 상인의 순서로 직업을 구분했는데, 상업은 말업으로 간주되어 천시를 받았거든요. 국가의 통제가 아니더라도 유교를 바탕으로 한 검약 생활과 원활하지 못한 교통수단 및 화폐 유통 그리고 자급자족 수준의 경제 활동과 같은 사회 구조상 상업이 본격적으로 발달하기 어려운 상황이었어요. 그러나 농업과 수공업이 점차 발달하면서 상업 역시 자연스럽게 활발해졌답니다.

한양에 있던 시전은 조선 상업 활동의 중심지로, 국가로부터 특정 물품에 대한 독점권을 부여받은 상점이나 상인들이 활동했어요. 비단, 무명, 명주, 모시, 종이, 어물 등 취급하는 물품도 다양했는데 한 상점에서는 한 가지 품목만을 판매할 수 있었답니다. 시전의 상인들은 여러 특혜를 누리는 대신 국가에 세금을 바치고 궁중과 관청에서 필요로 하는 물품을 조달해야 할 의무를 지고 있었어요.

한양에 시전이 있었다면, 향촌에는 장시가 있었어요. 장시는 농민들이 잉여 생산품을 사고팔거나 교환하던 것에서 비롯해 농촌의 경제 발달과 함께 점차 활성화되었어요. 그러다가 16세기 중반에는 며칠에 한 번씩 열리는 정기 시장으로 발전했지요. 당시 장시는 물건을 사고파는 장소일 뿐 아니라, 정보를 교환하고 오락을 즐기는 사회·문화적 공간의 역할도 했답니다.

장시의 발달로, 지방을 돌면서 전문적으로 상업 활동을 하는 상인들이 생겨났어요. 봇짐이나 등짐을 지고 다닌다고 해서 **보부상**이라고 불렸지요.

〈보부상〉 권용정의 그림으로 오지그릇이나 질그릇을 파는 상인의 모습을 그렸다.

장시가 활성화되면서 조선 정부는 농민들이 농토를 버리고 상업에만 몰릴 것을 우려해 장시 금지령을 내리기도 했어요. 하지만 백성들의 자연스러운 상업 활동을 막을 수는 없었지요. 이처럼 사회 전반의 생산력과 유통량이 크게 향상되는 가운데, 조선의 경제는 정치와 문화 등 다른 부문에도 영향을 미치며 더욱 활발하게 발전했답니다.

조선 전기의 조세 제도

조선 시대에는 양반과 중인, 상민 그리고 천민 중 상민만이 납세의 의무를 다했어요. 원래는 양인, 즉 천민이 아닌 사람은 모두 납세의 의무를 가지고 있었지만 이는 어디까지나 법적인 의미일 뿐, 양반이나 중인은 관료 신분으로 역의 의무는 지지 않았지요. 관리에게 나랏일을 중단하고 군복무를 하거나 성을 쌓으라고 할 수는 없었으니까요. 게다가 양반이나 중인은 토지를 소유하고 있어도 스스로 전세를 내지 않고 소작인에게 떠넘겼어요. 땅 주인의 요구를 거절할 수 없었던 소작인들은 울며 겨자 먹기로 전세를 대신 납부했지요. 결국 온전히 징세의 대상이 된 것은 상민뿐이었어요.

백성의 대부분을 차지하던 상민은 평민 혹은 양인으로도 불려요. 수공업자나 상인도 상민에 포함되었지만, 상민의 절대 다수는 농민이었지요. 상민들은 전세·공납·역의 세 가지 세금을 부담했는데, 이는 조선을 운영하는 국가 재정의 기본이 되었답니다.

전세는 토지에서 나온 수확물에 부과하던 세금으로, 돈이 아닌 쌀로 납부했어요. 고려 시대와 마찬가지로 세금의 양은 생산량의 10분의 1로 정해져 있었지만 매년 작황에 따른 실제 생산량을 반영해 납세액을 조정했다는 점에서 고려 시대와는 차이가 있어요. 이것이 바로 공법이에요. 공법은 세종 때 제정된 세금 제도로, 토지의 품질과 매해의 풍흉 여부를 반영해 세금의 양을 정하는 방식이었어요.

수세패 세금을 걷는 관리임을 증명하는 일종의 신분증이다.

> 모든 논밭은 6등급으로 나누며 20년마다 한 번씩 토지를 다시 측량해 토지 대장을 만든다.
>
> —《경국대전》

《경국대전》의 규정에 따라 전국의 토지는 여섯 개의 등급으로 나뉘었어요. 이를 전분 6등법이라고 해요. 가장 비옥한 1등전은, 가장 척박한 6등전에 비해 네 배 정도 많은 양을 수확할 수 있었지요. 또 해마다 풍흉의 정도를 구별해 가장 풍년이 든 상상년부터 가장 흉년이 든 하하년까지 모두 아홉 개의 등급으로 나누고 한 등급당 2두씩 차등을 두어 흉작으로 인한 농민들의 세금 부담을 줄여주었어요. 이를 연분 9등법이라고 해요. 공법은 전분 6등법과 연분 9등법을 복합적으로 적용해 세금을 부과했어요. 하지만 공법은 이론적으로는 합리적인 수취 제도였지만, 현실적으로는 많은 한계가 있었어요. 그 내용이 복잡하고 번거로운 데다 뇌물을 주고받아 등급을 조작하는 일이 빈번했든요. 그 결과 16세기 무렵에는 공법의 기준이 거의 지켜지지 않았어요.

공납은 백성들이 해당 지역의 특산물, 즉 공물을 나라에 바치는 것으로 농산물, 수산물, 광산물 등 각종 토산물을 포함했어요. 중앙 정부가 필요한 공물의 종류와 그 양을 군현별로 부과하면 각 군현에서는 이를 다시 가구마다 분배했지요.

공납은 조선 전기 농민들에게 부과된 세금 중 가장 버거운 것이었어요. 수확량에 따라 부과되는 전세와 달리, 가구별로 부과되어 빈부의 차이에 대한 고려가 없었거든요. 공물을 보관하고 운송하는 데 드는 비용도 백성들이 부담해야 했고요. 경우에 따라서는 생산량이 감소하거나 아예 생산되지 않는 물품도 예외 없이 납부해야만 했지요.

> 지금 지방 군현의 공물 가운데 토산물이 아닌 것이 많아서 마치 나무 위에서 물고기를 찾고 배를 타고 짐승을 잡는 것과 같습니다.
>
> —《선조실록》

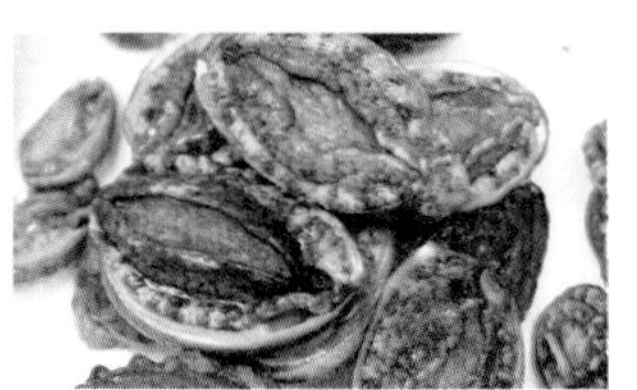

제주도에 부과된 각종 공물 조선 시대에 제주도는 감귤, 말, 참돔, 전복 등의 특산품을 공납으로 바쳐야만 했다.

정부는 공안이라는 장부에 각 군현별로 공물의 품목과 양을 적어 관리했어요. 공안에 공물에 관한 내용이 기록되고 나면 해당 군현의 생산 사정이 변해도 이를 조정하기가 어려웠지요. 게다가 정기적인 공납 이외에도 수시로 공물을 추가로 배정하거나 다음 해의 공물을 미리 거두어 가는 경우가 많아 백성들의 고통은 이루 말할 수 없었어요. 이러한 문제로 인해 대납이 등장했어요. 대납은 상인이 특정 물품을 정부에 대신 납부해 주고 해당 군현민에게 그 대가를 받던 일을 말해요. 정부는 원칙적으로 대납을 금지했지만, 차차 부분적으로 허용했어요. 생산지가 한정된 공물로 인해 해당 지역 백성들의 부담이 심화되자, 어쩔 수 없이 공물이 생산되지 않는 지역에까지 그 품목을 배정했기 때문이에요.

> 벌꿀이 강원도에서 생산된다 해서 다른 도에 배정하지 않고 모두 강원도에만 배정하면, 강원도는 반드시 그것을 감당할 수 없을 것입니다. …… 모든 물품이 이러하니 공물을 오로지 토산물로만 배정하는 것은 불가능합니다.
>
> -《문종실록》

대납과 함께 방납 역시 일찍부터 성행했어요. 방납이란 하급 관리나 상인들이 백성들을 대신해 공물을 나라에 바치고 백성들에게 그 대가를 받던 일을 말해요. 적당한 수준으로 대가를 받았다면 백성들의 수고를 덜어 줄 수도 있었을 거예요. 하지만 방납은 대부분 이익을 노린 행위였기 때문에 폐단이 훨씬 컸어요. 대가를 지불하는 과정에서 백성들은 공물의 원래 가격보다 훨씬 더 많은 대가를 치러야만 했지요. 심지어는 백성들의 의사와 상관없이 이루어지기도 했어요.

역은 16세에서 60세 사이의 양인 남자에게 부과되던 것으로, 군인으로 근무하거나 토목 공사에 동원되는 등 노동력으로 납부하던 세금이에요. 군대에 가는 것을 군역, 그 외 다양한 공공 분야에 필요한 노동력을 제공하던 것을 요역이라고 해요.

군역의 의무를 다하려면 서울이나 지방의 요새지에 머물며 일정 기간 동안 군인으로 복무하거나 군대의 진영에서 부역해야 했어요. 살던 곳을 떠나 고되고 낯선 일을 하게 된 사람들은 고생이 이만저만이 아니었지요.

하지만 군역 대상자 모두가 군 복무를 동시에 하지는 않았어요. 농민들이 모두 군대에 가 버리면 농사지을 사람이 없어 남겨 둔 식구들의 생계가 어려워지기 때문이지요. 그래서 정부는 실제 군인으로 근무하는 사람을 정군, 직접 복무하지 않는 대신 베나 무명 등을 제공하는 사람을 보인으로 지정해 군역을 운영했어요. 대체로 정군 한 명에 보인 2~4명이 배당되었는데, 집을 떠나 몸으로 부담을 지는 정군이나 어려운 형편에도 현물을 부담하는 보인 모두 부담의 정도는 비슷했을 거예요.

한편 요역은 국가 유지에 필요한 각종 물자의 생산과 수송, 왕궁 건설이나 도성 쌓기 등의 토목 공사에 주로 활용되었어요. 토지 소유량에 따라 요역에 동원될 날 수를 부과함과 동시에, 1년에 동원할 수 있는 날 수를 규정해 합리적인 수취 제도를 표방했지요.

> 토지 8결을 기준으로 한 사람을 내며 1년의 요역은 6일을 넘지 못한다. 만약 길이 멀어서 6일 이상이 되면 다음 해의 역을 그만큼 줄여 주고, 만약 같은 해에 또다시 역을 시킬 때에는 반드시 왕에게 아뢰고서 시행한다. 수령이 징발을 고르게 하지 않거나 감독관이 일을 지체해 기한을 넘기게 하는 경우에는 법률에 따라 죄를 부과한다.

-《경국대전》

그러나 이러한 규정은 조선이 추구한 유교적 이상 정치의 흔적일 뿐, 실제로는 잘 지켜지지 않았어요. 양인들은 군역과 요역의 부담에서 벗어나고자, 대신 역에 종사할 사람을 고용하기도 했지요. 군역과 요역은 시간이 흐르면서 직접 노동력을 제공하는 대신 베나 옷감 등을 납부하는 방식으로 점차 바뀌었어요. 전세·공납·역은 당시 농민들의 기본 의무이자 조선의 재정 기반이었어요. 그 기본적인 틀은 변화 없이 유지되었지만, 구체적인 내용은 시대와 상황에 따라 변화되었답니다.

조세 제도의 개편

조선 전기에 마련된 전세·공납·역의 조세 제도는 왜란과 호란을 거치며 무너지고 말았어요. 오랜 전쟁으로 인구가 크게 줄고 농토는 황폐해졌으며, 토지 대장이 사라져 세금을 부과할 기준조차 없었거든요. 농촌 경제가 파괴되고 국가의 재정이 고갈되자, 조선 정부는 각종 조세 제도를 개선해 위기를 수습하고자 했어요.

정부가 가장 먼저 손을 댄 것은 전세, 즉 토지와 관련된 세금이었어요. 기존의 공법이 제 기능을 발휘하지 못했기 때문이지요. 전분 6등법과 연분 9등법을 복합적으로 적용해 합리적인 조세 체제를 마련한 것은 훌륭한 일이었지만, 실제로 이 기준을 적용해 토지의 비옥도와 풍흉의 정도를 적절하게 판정하는 것은 매우 어려운 일이었어요.

> 토지를 6등급으로 나누는 것은 심하게 기구하고 현혹해 …… 땅이 기름지고 메마른 것은 세월에 따라 달라진다. 촌락이 번성해 거름을 많이 하면 메

마른 땅도 기름져지고, 촌락이 쇠락해 힘이 다하면 기름진 토지도 메마른다.

-《목민심서》(정약용)

이러한 이유로 16세기에는 풍흉의 여부를 거의 무시한 채 낮은 등급으로 세금을 고정하는 현상이 나타났고, 이는 17세기 초반에 법으로 정해져 제도화되었어요. 이를 영정법이라고 해요. 한자의 의미를 그대로 풀이하면 '영원히 정한 법'이라는 뜻이지요. 조선 정부는 영정법을 시행하면서 해마다 세금이 달라지던 이전과 달리, 풍흉에 상관없이 1년에 토지 1결당 쌀 네 두만 납부하도록 정했어요. 토지의 비옥도를 나누는 방식은 여전히 남아 있었지만 대부분의 토지가 가장 낮은 등급으로 책정되어 납세액에는 큰 차이가 없었지요. 다만 특별히 척박한 땅을 경작한 경우에는 일정 비율의 세금을 줄여 주었답니다.

이렇게 하면 농민들이 내야 할 전세가 상당히 줄어든 것처럼 보여요. 물론 법적으로는 줄어든 것이 사실이에요. 하지만 실제로 농민들의 부담은 전혀 줄어들지 않았어요. 여러 가지 명목으로 부수적인 세금이 덧붙었기 때문이지요. 전세를 납부할 때 드는 운송비나 수수료는 물론, 자연적으로 소모되는 부분에 대한 보충비 등이 함께 부과되면서 결과적으로 농민들은 법으로 정해진 세금보다 몇 배나 더 많은 액수를 납부해야 했어요. 그럼에도 불구하고 국가의 재정 수입은 여전히 증가하지 않았는데 이는 전쟁 후 토지 대장에서 누락된 땅들이 생겨난 데다 세금을 아예 면제해 준 토지들이 늘어났기 때문이었어요. 이러한 이유로 조선 정부는 전세 제도의 개편에도 불구하고 재정적 위기에서 벗어날 수 없었답니다.

백성들에게 가장 큰 부담을 주었던 공납 제도 역시 개편되었어요. 공납은 사실 임진왜란 이전부터 대납과 방납이 성행하며 여러 가지 문제점을 지니고 있었어요. 대납과 방납으로 인한 폐해가 심각했거든요. 게다가 오랜 전쟁을 겪으며 기반이 붕괴되어 아예 공물 징수가 불가능한 지역이 생겨나면서 제도의 개편은 불가피했지요.

이를 위해 정부가 가장 먼저 한 일은 공안을 개정하는 것이었어요. 임진왜란이 끝난 이후인 1605년에 조선 정부는 한동안 개정하지 않았던 공안을 각 군현의 사정에 따라 다시 작성했어요. 하지만 공안의 개정으로도 백성들의 부담을 크게 줄이지 못하자 정부는 대공수미라는 새로운 방안을 내놓았답니다. '대공수미'는 '공물 대신에 쌀을 거둔다.'라는 뜻으로, 이이와 유성룡이 제시한 재정 정책이에요. 정부가 현물 대신 쌀을 거둔 뒤 이를 재원으로 삼아 왕실과 관청에 필요한 물품을 조달하는 방식이었지요.

> 해주 지방 공물법을 보면, 논 1결마다 쌀 한 말을 징수하고 관청에서 물품을 준비해 서울에 바친다. 그러므로 백성들은 쌀을 낼 줄만 알지 다른 폐단은 거의 듣지 못하게 되었다. 이것은 참으로 오늘날 백성을 구하는 좋은 법이 될 수 있다.
>
> –《율곡전서》(이이)

그러나 이 정책이 실현되는 데에는 상당한 시일이 걸렸어요. 익숙한 세금 체계를 바꾸고 시행착오를 개선하는 데 꽤 많은 시간이 필요했고, 토지를 기준으로 한 과세 방식에 양반들이 크게 반발했거든요. 1569년에 처음으로 건의된 대공수미 방식은 1608년에야 대동법이라는 이름으로 실시되기 시작했는데, 전국적으로 확대되기까지는 무려 100년이나 걸렸답니다.

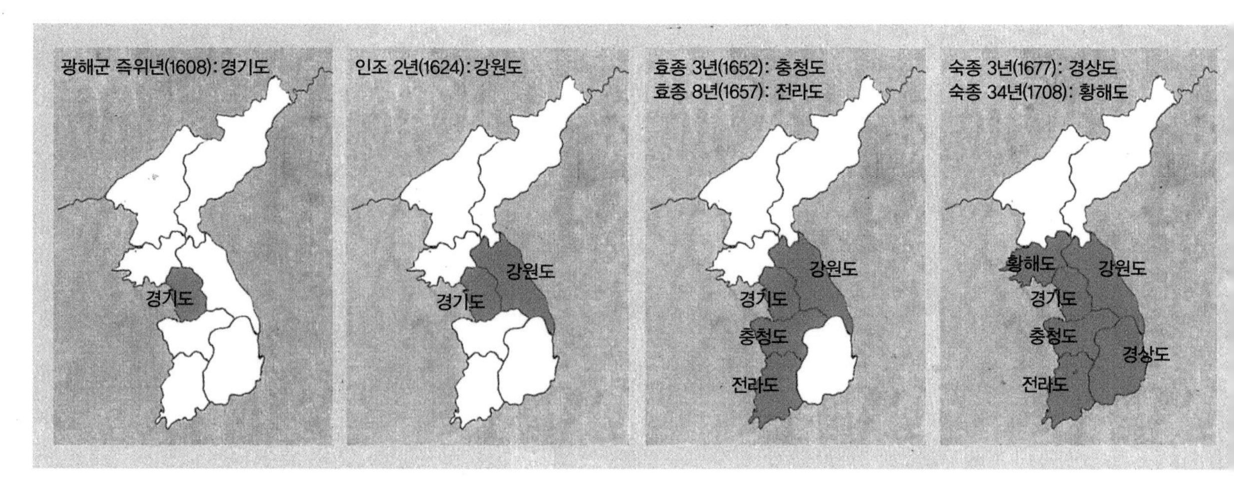

대동법의 확대 과정

대동법의 실시 이후 정부는 공물 대신 쌀, 즉 대동미를 거둬들였어요. 대동미는 토지 1결당 쌀 12두로 정해졌지요. 벼농사가 어려운 산간 지방에서는 쌀 대신 옷감이나 돈을 내기도 했어요. 과세 기준도 달라져 종전에는 집집마다 부과하던 것을 토지의 결 수에 따라 부과했지요. 이로 인해 토지를 소유하지 못한 농민은 공납의 부담에서 해방되었으나, 많은 땅을 가진 지주들의 불만은 높아졌어요. 한편 대동법의 시행으로 모든 현물 징수가 완전히 사라진 것은 아니었어요. 필요에 따라 진귀한 물품이나 지역 특산품을 임시로 부과하던 진상이나 별공은 그대로 유지되었거든요.

이후 대부분의 공물을 쌀이나, 베, 돈 등으로 받게 된 정부는 필요한 물품이 생기면 공인이라 불리던 상인에게 여러 가지 물품을 조달하게 하고 대동미를 지불했어요. 이로 인해 수공업이 활기를 띠면서 화폐의 유통도 점차 활발해졌지요. 공인 중에는 막대한 부를 쌓아 자본가로 성장하는 사람들도 생겨났어요.

대동법 시행 기념비 조선 후기 대동법의 시행을 알리기 위해 1659년에 세웠다. 경기도 평택에 위치해 있다.

조선 전기에 병농일치제로 운영되던 군역은 16세기 이후, 대신 역에 동원될 사람을 고용하는 대립제가 등장하면서 점차 원칙이 무너졌어요.

왜란과 호란을 겪으며 조선의 군사 제도는 크게 변화했는데 중앙에 새롭게 설치된 5군영은 직업 군인이 소속된 군대로, 정해진 몇몇 사람만 군인 노릇을 했어요. 이처럼 직업 군인 제도가 정착되면서 대부분의 백성들은 직접 군 복무를 하지 않는 대신 1년에 두 필 정도의 면포를 바치는 것으로 그 부담이 줄었지요. 하지만 백성들의 고충은 사라지지 않았어요. 수취의 대상이 명확하지 않았기 때문이에요.

> 100여 년에 걸친 나라의 고질 병폐로 가장 심한 것은 양인에게 부과하는 역이다. …… 젖먹이 어린아이가 장정으로 편성되고, 이미 죽어 뼈만 남은 시

체에게도 세금을 거두며, 한 사람이 도망하면 이웃의 열 집이 질책을 당하니, 비록 좋은 재상과 현명한 수령이라도 어찌할지를 모른다.

－《영조실록》

1750년에 영조는 양인 농민의 군포 부담을 줄이기 위해 균역법을 실시했어요. 이로써 양인 남자들이 1년에 두 필씩 바치던 군포가 한 필로 줄었지요. 균역법은 양반에게 군역의 의무를 부과하지 않는다는 신분제의 원칙을 고수하면서도 일반 백성들의 부담을 덜어 준 참신한 제도였어요. 정부는 줄어든 군포로 부족해진 수입을 보충하기 위해 결작미, 어염선세, 은여결세, 선무군관포 등과 같은 세금을 새롭게 마련했답니다.

결작미	국경 지대인 평안도와 황해도를 제외한 전국의 토지 1결마다 쌀 2두 또는 돈 2전을 징수함.
어염선세	바다의 물고기, 소금, 배에 부과하던 세금으로 본래는 왕실의 세원이었으나 국가의 재정으로 돌려 운영함.
은여결세	지방 수령들이 사적으로 쓰는 것이 묵인되었던 토지를 적발해 국가의 재정으로 돌려 운영함.
선무군관포	이전까지 군역이 면제되었던 부유한 상층 양인에게 선무군관이라는 지위를 주는 대신 군포 1필씩을 징수함.

조세 개혁은 국정을 보다 합리적으로 운영하기 위한 노력의 일환이었지만 시간이 흐르면서 점차 제대로 시행되지 않았어요. 이러한 한계점을 지닌 채 세도 정치 시대로 넘어가면서, 전국적인 농민 저항이 발생하게 되었지요.

조선 후기의 경제 발전

물 좋은 논에 모를 심고 …… 살진 밭에 면화하기, 자갈밭에 조를 갈고, 홍토 밭에 참외 심고, 비탈밭에 담배 하기…….

—《흥부전》

조선 후기의 판소리계 소설인 《흥부전》에서는 놀부가 농사짓는 모습을 위와 같이 표현했어요. 놀부는 못된 심보로 가난한 동생을 구박하다가 패가망신했다고 알려져 있지만 실은 새로운 농사 기술을 도입하고 넓은 논밭에 다양한 작물을 재배해 큰 수익을 얻었던 인물이에요. 《흥부전》의 배경이 조선 후기의 농촌인 만큼, 놀부나 흥부의 모습에는 당시 농민들의 삶이 반영되어 있답니다.

17세기에는 왜란과 호란으로 황폐해진 토지를 재건하려는 움직임이 전국적으로 일어났어요. 너 나 할 것 없이 힘을 쏟은 결과 농촌은 다시 활기를 띠고 농업 생산량 역시 크게 늘었지요. 묵은 땅을 개간하고 늪지를 간척하면서 전국의 농경지 면적도 전란 이전 수준으로 회복되었어요.

한편 상업이 점차 활발하게 이루어지면서 시장에 팔기 위해 작물을 재배하는 상업적 농업이 발달하기 시작했어요. 쌀의 상품 가치가 올라가면서 많은 면적의 밭이 논으로 바뀌었고, 약재와 같은 특용 작물이나 목화 등의 의류 작물도 활발하게 재배되었지요. 인삼과 담배는 좁은 땅에서도 큰 수익을 얻을 수 있어 가장 인기 있는 품목으로 자리잡았어요.

〈담배 썰기〉 김홍도의 작품으로 당시 수익이 큰 농작물인 담배를 손질하는 과정이 묘사되어 있다.

부지런하고 수완이 좋은 일부 농민들은 경작지의 규모를 확대하고, 수익성이 높은 작물을 재배해 부농으로 성장했어요. 양반들도 타고난 재력을 바탕으로 농토를 늘리고 이를 소작인이나 노비에게 경작하게 했지요. 반면에 아주 적은 양의 토지를 소유하거나 아예 소유하지 못한 농민들 혹은 몰락해 소작인으로 전락하는 양반들도 생겨났어요. 조선 후기 농촌 사회는 몰락한 빈농과 번창한 부농이 양극화를 이루며 빈익빈 부익부 현상이 심화되었답니다.

조선 후기에는 농업과 함께 수공업도 발달했어요. 수공업 분야에서 나타난 가장 큰 변화는 민간에서 운영하는 민영 수공업이 성장했다는 점이에요. 본래 국가가 운영하는 관영 수공업은 장인들의 노동력을 무상으로 징발하는, 일종의 역이었어요. 그래서 18세기 이후 군역이나 요역 등이 전반적으로 해이해지자 관영 수공업 역시 유지되기 어려워졌지요.

무기나 왕실의 자기, 화폐 등 국가의 수요가 많은 수공업 분야는 늦게까지 관영 수공업이 중심을 이루었지만, 이 역시 점차 민영 수공업 중심으로 전환되었어요. 조선 초기에는 2800여 명에 달하던 한양 지역 관영 수공업자의 수가 18세기 후반에는 10분의 1 수준으로 줄어들었고, 마침내 정조 때는 수공업자들의 명부인 공장안이 폐기되었지요. 이로써 국가에 소속되어 있던 장인들은 민영 수공업자의 신분으로 국가에 장인세를 바치지 않고도 제품을 마음껏 생산할 수 있게 되었답니다.

민영 수공업의 발전은 대동법과 밀접한 관련이 있어요. 대동법이 시행된 이후 국가는 공인에게 대가를 주고 필요한 물품을 사들였는데, 공인은 수공업자에게 미리 자금이나 원료를 주고 제품을 생산하게 했어요. 수공업자들은 점차 공인뿐 아니라 대상인과도 제휴를 맺으며 거래의 범위를 넓혔지요. 이처럼 초창기의 수공업자들은 주로 상업 자본에 의존해 성장했어요. 하지만 점차 시간이 흐르면서 자신의 자본으로 상품을 제조하고 판매했지요.

수공업의 발달은 금·은·동과 같은 원료 생산의 발달을 촉진시켜 광업 분야에도 활기를 불어넣었어요. 이전까지 정부는 농민들을 동원해 광산을 채굴하게 했어요. 그러나 부역 제도가 해이해져 농민들을 동원하기 어려워지자 민간인에게도 채굴을 허용하고 세금을 거두기 시작했지요. 국가의 규제가 느슨해지고 광산 개발로 큰 이익을 보는 이들이 생겨나면서 광산 개발은 더욱 활기를 띠었어요.

농업 생산력이 높아지고 민영 수공업이 발달하면서 상품의 유통 역시 더욱 활발해졌어요. 인구가 증가하고 도시가 커진 것도 상업 발달을 촉진한 요인이 되었지요. 한양을 비롯한 전국 각지에서 상인들이 성장하고 산골짜기 시골에서도 장시가 열렸어요.

비단 가게에 울긋불긋 벌여 있는 건
모두 •능라와 •금수요
어물 가게에 싱싱한 생선 도탑게 살쪘으니
갈치·노어·준치·쏘가리·숭어·붕어·잉어이네 ……
행상과 •좌고 셀 수 없이 많아
자질구레한 물건도 갖추지 않은 것 없네.

– 《성시전도시》(이덕무)

조선 후기의 실학자인 이덕무가 쓴 이 시에는 번성한 상업 도시로서의 한양의 모습이 잘 묘사되어 있어요. 시장에서는 국내외의 다양한 상품들이 거래되고, 상인들은 호객 행위를 하기도 했지요.

상품 유통 체계의 변화는 사상에 의해 주도적으로 이루어졌어요. 사상은 국가의 허가를 받지 않고 개인적으로 활동하는 상인을 말해요. 여러 가지 특권을 누리는 대신 관아에 물품을 바쳐야만 했던 시전 상인들과는 차이가 있었지요. 사상들의 상업 활동은 1791년에 신해통공이 시행되면서부터 더욱 활발해졌어요. 신해통공은 시전 상인들만 누리던 특권을 박탈한 조치를 말해요. 허가 없이 사사로이 물품을 매매하는 시장을 난전이라고 하는데, 정부는 난전이 성행하는 것을 막고자 시전 상인에게 금난전권, 즉 한양에 벌어진 난전을 규제할 수 있는 권한을 부여했어요. 하지만 시행 과정에서 여러 가지 문제점이 발생하자 금난전권을 박탈했지요.

능라 두꺼운 비단과 얇은 비단
금수 수를 놓은 비단. 또는 아름답고 화려한 옷이나 직물
좌고 관에서 소유한 건물을 빌려 하던 장사

금난전권은 시전이 이익을 독점하도록 한 것에서 나왔지만, 근래 시전배가 법령을 빙자해 사상을 침해하는 것이 한 줌의 채소, 누룩까지 이르러 난전이라 칭하고 잡아 물건을 압수해 매매하지 못하게 합니다. …… 이 때문에 물건 값이 심하게 급등하고 있습니다.

—《승정원일기》

신해통공 이후 사상들이 보다 자유롭게 상품을 유통하면서 시전 이외의 새로운 시장들이 형성되기 시작했어요. 시전이 있던 종로와 함께 동대문 부근의 이현, 남대문 밖의 칠패는 한양의 3대 상가였지요. 사상들은 지방에서도 활발히 활동했는데, 개성의 송상, 평양의 유상, 의주의 만상, 동래의 내상 등을 대표로 꼽을 수 있어요. 사상들은 전국을 연결하는 조직망과 정보력을 기반으로 활발

하게 활동했어요. 특히 만상은 청나라, 내상은 일본과의 무역을 주도하며 거상으로 성장했지요.

한편 대동법으로 인해 새롭게 등장한 공인들도 정부의 어용상인으로 날로 번창했어요. 어용상인은 권력자의 비호를 받으며 궁중이나 관청에 물건을 대는 상인을 말해요. 공인들은 넉넉한 자본을 바탕으로 상품을 대량 거래했는데 그만큼 큰 이득을 얻어 자본을 손쉽게 축적했지요.

조선 후기의 경제는 분야를 막론하고 생기를 띠었어요. 양 난 이후 조선의 산업은 각 부문에서 수익성을 추구하며 자본주의의 기초적인 양상을 나타냈지요. 근대 사회를 규정하는 경제적 특성으로 자본주의의 발달을 꼽는 만큼, 당시 조선은 새로운 시대를 향해 한걸음 나아갔다고 볼 수 있답니다.

나라를 뒤흔든 상인들

만 냥을 얻은 허생은 집으로 돌아가지 않고 혼자 생각했다.

'안성은 경기도와 충청도가 갈라지는 곳이요, 삼남을 통괄하는 입구렷다.'

그는 곧장 안성에 가서 거처를 마련했다. 그리고 대추, 밤, 감, 배, 감자, 석류, 귤, 유자 등의 과일류를 몽땅 시세의 두 배 돈을 들여 사서 저장해 두었다. 허생이 과일을 독점해 버림에 따라 나라 안에서는 잔치나 제사를 치를 수 없게 되었다. 얼마 후 허생은 저장했던 과일을 풀었다. 허생에게 두 배를 받고 과일을 팔았던 상인들은 이번에는 반대로 열 배를 주고서 살 도리밖에는 없었다.

– 《허생전》(박지원)

조선 후기의 실학자인 박지원이 쓴 한문 소설인 《허생전》에는 장사 수완을 발휘해 나라의 경제를 뒤흔든 허생이라는 인물이 등장해요. 이처럼 18세기 이후에는 인구가 증가하고 생산량이 늘어나면서 동아시아 각국에서 나라의 상업을 이끄는 대상들이 나타났어요. 전국적인 유통망을 바탕으로 성장한 휘주 상인과 오사카 상인이 대표적이지요.

명나라 중엽 이후 중국에서는 같은 고향 출신의 상인들이 집단을 만들어 상권을 장악하는 일이 많았어요. 특히 휘주 상인은 명나라 제일의 상인 집단으로 소금, 면화, 비단 등을 유통하고 금융업에까지 세력을 확장해 막대한 이익을 얻었지요. 전국 방방곡곡에 휘주 상인들의 발길이 닿지 않는 곳이 거의 없어서, "휘주 상인이 없으면 도시가 생기지 않는다."라는 말이 나올 정도였어요. 휘주 상인들은 교역을 성사시키고 지속적으로 번영하기 위해 관리들에게 뇌물을 주거나 자신의 저택에 초대해 우의를 다지기도 했어요.

에도 시대의 오사카는 일본을 대표하는 중앙 시장이었어요. 전국에서 각종 물자와 상인들이 몰려들었고, 상업과 함께 운송업과 창고업 등도 발달했지요. 오사카는 제후들의 땅인 영지에서 막부에 바치는 쌀이 모이던 장소로, 이곳 상인들은 일본의 쌀 시장을 장악해 막대한 부를 축적했어요. 오사카 상인은 상품의 유통뿐 아니라 환전이나 고리대금 같은 금융업까지 장악하고 '돈을 남기는 것은 하, 가게를 남기는 것은 중, 사람을 남기는 것은 상'이라는 정신으로 일본이 경제 대국으로 도약하는 데 긍정적인 영향을 미쳤답니다.

오늘날 오사카의 모습

裳以絳羅爲之亦同
帶以
殿下裳
裳以絳羅爲之亦同
帶以緋白羅合
之亦同殿下帶
裳以絳羅爲之亦同
帶以緋白羅合

신분 질서와 생활의 변화

박지원의 한문 소설인 《양반전》에는 '하늘이 백성을 낳았는데 그 백성이 넷이다.'라는 대목이 나와요. 여기서 하늘이 낳은 네 명의 백성이란 양반, 중인, 상민, 천민을 말하지요. 오늘날과 달리 조선 시대에는 태어날 때부터 신분이 정해져 있었고, 그에 따라 사회적으로 차별을 받았어요. 1894년에 갑오개혁으로 법적인 평등 사회가 이루어지기 전까지 조선 사회를 지탱한 신분제와 신분에 따른 각종 생활상에 대해 알아보도록 해요.

조선의 신분 제도

건국 초기에 조선은 모든 사회 구성원을 양인과 천민으로 구분했어요. 이는 고려 시대부터 이어진 신분제의 기본 틀이었지요. 고려 말부터 조선에 이르기까지 정부는 양인을 많이 확보하기 위해 애썼어요. 양인들이 납부하는 각종 세금이 국가 운영의 기반이 되었기 때문이지요. 고려 말에 공민왕은 전민변정도감을 설치해 억울하게 노비가 된 사람들을 양인으로 회복시키고 토지 개혁을 시도했어요.

이러한 노력은 조선으로도 이어졌어요. 조선 정부는 양인 신분이었으나 먹고 살기 어려워 노비로 전락한 이들을 본래의 신분으로 회복시켜 주었어요. 그 결과 태종 때 해방된 노비의 수만 해도 수십만이었답니다.

> 남의 땅과 노비를 빼앗으며 심지어 양인을 강제로 천인으로 만드니 사람이 원망하고 신이 노해 …… 노비 문제는 쟁송이 끊이질 않으니 도감을 설치하시고 공정한 관리를 임명하시어 …… 쟁송의 뿌리를 뽑으십시오.
>
> —《태종실록》

고려와 조선은 모두 **양천제**를 기본으로 삼았지만 조선의 신분제는 시간이 흐르면서 조금씩 느슨해졌어요. 까다롭던 신분제가 조선 시대에 들어 완화된 것은 고려 말에 있었던 하층민의 신분 해방 운동과 중국의 경서 중 하나인 《주례》의 만민 평등 사상 등의 영향 때문이었어요. 한편 이전에 비해 신분 이동의 가능성이 높아진 것도 조선 시대 신분제의 특징이지요.

> 때로는 사대부가 신분이 낮아져 평민이 되기도 하고, 때로는 평민이 오래되면서 혹 신분이 높아져 차츰 사대부가 되기도 했다.
>
> – 《택리지》(이중환)

조선에서는 법적으로 양인이면 과거에 응시해 관직에 오를 수 있었고, 양반이라도 벌을 받아 노비로 전락할 수 있었어요. 고관의 자녀가 과거를 통하지 않고 관리로 채용되던 음서에도 18세 이상만 등용한다는 연령 제한을 두는 등 수혜의 범위가 전보다 크게 줄어들었지요.

《경국대전》에 따르면 양인과 천민은 의무와 권리에서 엄격한 차이가 났어요. 양인은 국가에 대해 조세·공납·역의 의무를 가졌지만 천민은 이러한 의무 대신 주인이나 국가를 위해 봉사해야만 했지요. 또 양인은 관직에 진출할 수 있었지만, 천민은 아예 과거 시험조차 볼 수 없어 벼슬길이 막혀 있었어요. 대부분이 노비였던 천민 중 일부는 국가에 큰 공을 세워 관직을 받기도 했지만 이 경우, 반드시 양인이 되는 절차를 먼저 거쳐야 했답니다. 양인과 천민은 공권력으로 인간의 기본권을 보장받을 수 있는지의 여부에서도 차이가 났어요.

> 노비의 매매는 관청에 신고해야 하며 사사로이 몰래 사고팔았을 때는 관청

에서 노비와 대가로 받은 물건을 모두 몰수한다. 나이 16세 이상 50세 이하는 값이 저화 4000장이고 15세 이하 50세 이상은 3000장이다.

—《경국대전》

저화란 고려 말기에 발행된 지폐로, 저화 4000장은 면포 200필 정도의 가치를 가지고 있었다고 해요. 이렇듯 천민들은 소유주의 재산으로 간주되어 마치 물건처럼 매매되었어요. 기본적인 인권조차 보장받지 못했지요.

조선 건국 초기에는 양천제가 제대로 기능했어요. 하지만 점차 사회·경제적 상황이 바뀌면서 신분제 역시 변화를 겪었지요. 15세기 말엽부터 양인은 상급 신분층인 양반, 기술관이나 향리 등의 중인 그리고 이 범주에 들지 않는 다수의 상민으로 나뉘었어요. 이에 따라 조선에는 백성을 양반, 중인, 상민, 천민 등 네

〈노상현알〉 김득신의 풍속화로 양반에게 허리 굽혀 인사하는 상인의 모습에서 조선 시대 신분 제도의 엄격함을 엿볼 수 있다.

가지 신분으로 구분하는 반상제가 자리 잡게 되었지요.

> •종실이나 사대부는 조정에서 벼슬하는 집안이 되고, …… 이보다 못한 계층은 역관 · 산원 · 의관 …… 더 못한 계층은 아전 · 군호 · 양민 …… 이보다 더 못한 계층은 •공사천의 노비가 되었다.
>
> —《택리지》(이중환)

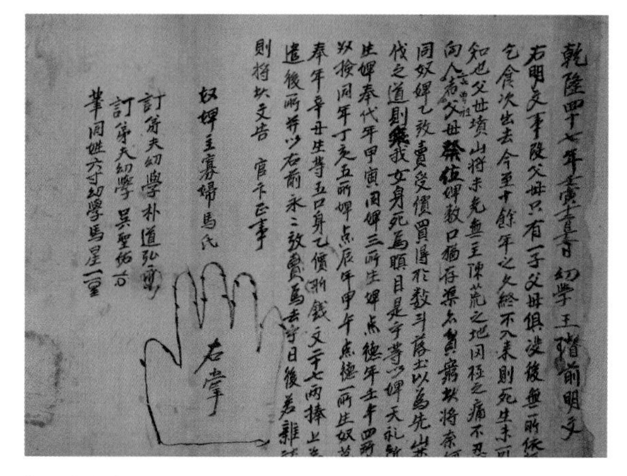

노비 매매 문서 이 문서를 가지고 가면 관청에서는 노비 매매 공증 문서를 발급해 주었다.

네 개의 신분 중 양반과 중인은 지배층, 상민과 천민은 피지배층이었어요. 반상은 지배층을 대표하는 양반의 '반'과 피지배층을 대표하는 상민의 '상'을 조합해 만든 말로, 반상제는 법으로 정착된 것이라기보다 사회 통념상 최고 신분인 양반의 입지를 돋보이게 하려는 분위기에서 생겨난 것이었어요. 실제로 양반은 갖가지 특권과 명예를 누리며 나머지 신분을 지배했는데, 조선을 양반 사회나 양반 관료 사회 등으로 부르는 이유도 여기에 있답니다.

호적제와 호패법은 신분제와 관련해 운영되던 제도예요. 국가가 백성을 헤아

종실 임금의 친족, 종친이라고도 함
공사천 죄를 지어 종이 되어 관아에 속하게 된 공천과 개인에 의해 매매되던 종인 사천을 아울러 이르는 말

리는 일은 조세와 노동력을 확보하고 신분의 차이를 명확히 해 안정적인 통치를 꾀하기 위해 반드시 필요한 일이에요. 우리 역사를 보면 일찍부터 백성을 파악하는 제도가 마련되어 있었는데 통일 신라 때의 촌락 문서가 그 대표적인 사례랍니다. 촌락 문서에는 촌락마다 호를 단위로 땅과 사람 수, 가축 수 등이 꼼꼼하게 기록되어 있지요.

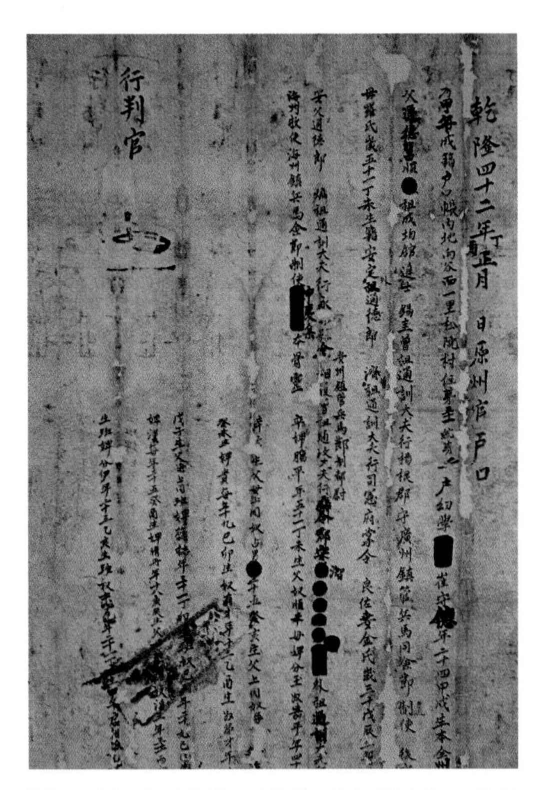

호구 단자 오늘날의 인구 주택 총조사와 마찬가지로 조선 시대에 호주가 기록해 관청에 올리던 문서이다.

조선 역시 건국 초기에 국가 제도를 정비하며 호적 제도를 갖추었어요. 호적은 3년에 한 번씩 정리했는데, 호주가 내용을 적어 제출하면 관청이 이를 기초로 서류를 작성하는 방식이었지요. 오늘날 5년마다 시행되는 인구 주택 총조사와 비슷한 것이라고 생각하면 돼요. 당시 호주가 기록해 관청에 올리는 문서를 호구 단자라고 했는데 여기에는 주소와 직책, 호주 및 함께 사는 아내·자녀·노비·머슴의 이름과 나이, 본관, 조상 등을 적었어요. 호구 단자도 신분에 따라 기재해야 할 내용에 차이가 있었답니다.

호적 제도는 정부가 피지배층의 노동력을 효과적으로 징발하는 데 주목적이 있었기 때문에 백성들은 끊임없이 저항했어요. 이에 맞서 정부는 호적제를 원활하게 시행하기 위한 보조 제도로서 호패법 등을 시행했지요. 호패는 오늘날의 주민 등록증과 비슷한 것으로, 16세 이상의 남자가 허리에 차고 다니던 신분증이에요. 호패에는 주인의 이름과 직업, 신분 등이 기록되었고 천민들에게도 지급되었어요. 양인들은 호패를 그다지 좋아하지 않았는데 호패에 기록된 정보로 인해 군역이나 요역의 대상자임이 드러났기 때문이지요.

호패는 신분에 따라 소재가 달랐어요. 상아로 만든 아패, 물소 뿔로 만든 각패, 회양목으로 만든 황양목패, 잡목으로 만든 대방목패 등이 있었지요.

이처럼 조선의 신분제는 법으로 규정된 양천제와 사회 통념이 반영된 반상제가 함께 어우러져 유지되었어요. 이전에 비해 능력을 존중하는 분위기가 형성되었지만, 여전히 지배층과 피지배층을 엄격히 구분하는 신분제 사회였지요.

호패 오늘날의 주민등록증처럼 조선 시대에 16세 이상의 남자가 허리에 차고 다니던 신분증이다.

양반과 중인의 생활

양반이란 원래 나랏일을 하는 문반과 무반을 함께 부르던 말이에요. 조정에서 조회를 할 때, 임금의 동쪽에 서는 문반 관료와 서쪽에 서는 무반 관료 양쪽을 아울러 칭하던 표현이지요. 아버지가 관직에 있다고 해서 자식이 무조건 관료가 되는 것은 아니었으므로, 양반이 처음부터 신분을 의미했던 것은 아니에요. 그러나 양반 관료 체제가 정비된 후에는 양반이 문·무반 당사자 외에 그 가족과 가문까지 포함하는 신분층을 의미하게 되었지요. 양반은 정치를 주도하고 국방을 책임지며 문화를 창조하던 국가의 핵심 집단으로, 조선은 양반의 나라라고 해도 과언이 아니었어요.

양반은 양인의 최상층으로서 각종 특권을 누렸어요. 경제적으로는 토지와 노비를 소유할 수 있었고, 정치적으로는 관료 또는 관료 예비군이었으며, 사회적으로는 향촌 사회의 지배자였지요. 이들은 국가에서 관료에게 지급하는 토지 외에도 상속받거나 황무지를 개간해 넓은 토지를 소유했어요. 하지만 노비를 통해 땅을 경작하거나 소작을 주어 직접 생업에 종사하는 일은 없었지요. 양반은 이와 같은 경제적 기반을 바탕으로 과거 공부에 전념할 수 있었답니다.

양반의 특권은 국가 차원에서 보장받았어요. 양반을 학생으로 인정해 군역을 면제해 주거나, 음서를 통해 관직에 진출할 수 있도록 했지요. 양반에 대한 특별 대우는 형벌에까지 적용되었어요. 관료는 죄를 범하더라도 충분한 조사를 거쳐 왕에게 보고한 후에야 비로소 구속할 수 있었고, 죽을죄를 지어도 반역죄나 패륜범이 아닌 이상 신체를 훼손하는 •참형 대신 사약을 내렸어요. 또 정치범에게는 •도형이나 •유형을 적용해 다시 재기할 수 있는 길을 열어 주었지요.

하지만 양반이라고 해서 언제까지고 마냥 특권을 누렸던 것은 아니에요. 양반이니 중인이니 하는 반상의 구분은 법에 명시된 개념이 아니었기 때문에 현실에 적용하기에 애매모호한 면이 많았거든요. 조선의 신분제는 신라의 골품 제도처럼 죽을 때까지 고정된 것은 아니었어요. 벼슬을 지내던 조상이 있다 하더라도 이후 4대까지 과거에 급제하지 못하면 그 가문은 자연스레 몰락할 수밖에 없었지요. 왜란과 호란 이후 경제력을 갖춘 신생 양반들이 늘어나 너 나 할 것 없이 양반으로 불리던 상황에서는 관직에 오르는 것만이 양반 신분을 확실하게 유지할 수 있는 방법이었어요. 벼슬만이 양반을 규정하는 기본적인 잣대이자, 스스로의 가문을 지킬 수 있는 가장 확실한 방법이었지요.

하지만 영광이 클수록 그 과정은 고달픈 법이에요. 과거에 합격하는 것은 무척 어려운 일이었거든요. 정기 시험이 3년마다 실시된 데다 문과의 합격 정원은 고작 33명이었어요. 오늘날 서울대학교의 입학 정원이 한 해에 약 3000명 정도인 것을 고려하면, 과거에 합격하는 것이 얼마나 어려운 일이었는지 짐작할 수

참형 목을 베어 죽임. 또는 그런 형벌
도형 죄인을 중노동에 종사시키던 형벌
유형 죄인을 귀향 보내던 형벌

▌〈평생도〉 작자 미상의 작품으로 금의환향하는 과거 급제자의 모습을 묘사했다.

있어요. 문과 시험에 합격하려면 유교 경전을 숙지하는 것이 무엇보다 중요했어요. 거기에 풍부한 견해와 안목은 물론, 유려한 문장력도 갖추어야 했지요. 이처럼 합격의 길은 어렵고도 험했지만, 조선의 선비들은 학업에 전념하며 꿈을 키웠어요. 개중에는 과거에 합격하기 위해 남다른 노력을 기울인 사람도 있었지요.

저의 원래 이름은 하정황입니다. 여러 차례 과거에 응시했으나 급제하지 못했지요. 이름이 불길해 낙방한 것이란 생각이 들어 하명상으로 개명했습니다.

이것은 1751년에 하명상이 진주 목사에게 올린 글이에요. 개명에 따른 공식적인 절차를 거치지 않은 상태에서 시험이 임박하자, 이처럼 사정을 밝히며 개명 확인서 발급을 요청한 것이지요. 하명상의 이름은 본래 하자륜으로, 명상은 '세륜(19세) → 대륜(22세) → 즙(34세) → 인즙(43세) → 정황(46세)'을 거쳐 완성된 일곱 번째 이름이었어요. 개명의 효험 덕분인지 이름을 명상으로 바꾼 그 해 가을에 하명상은 당당히 과거에 합격했다고 해요.

양반들의 교육 열기는 매우 뜨거웠어요. 출세하려면 공부를 해야 한다는 생각이 뿌리 깊게 자리 잡고 있었기 때문이지요. 유교 사상의 바탕 위에 세워진 나라인 만큼 조선에서는 주로 유교 이념에 대한 교육이 이루어졌어요. 그 결과 유교는 양반들의 일상에도 절대적인 영향을 미쳤지요. 조상에 대한 제사를 빠뜨리지 않고 지내기 위해 임진왜란 중 피란지에서도 수십 차례 제사를 지낼 정도였어요.

왕과 양반이 조선의 주도 세력이었다면, 중인은 그들을 도와주는 역할을 한 계층이었어요. 중인은 지배층의 하부를 차지했는데 상부인 양반으로의 신분 상승은 거의 막혀 있었지요. 한양의 중인들은 주로 청계천 부근에 살았는데, 이곳은 양반이 사는 북쪽과 일반 백성들이 사는 남쪽의 중간 지대였어요. 중인이라는 호칭도 여기에서 유래된 것이랍니다.

약연 약재를 갈아 가루로 만드는 기구로 기술직 중인이 사용하던 도구이다.

중인들은 양반들이 꺼리는 기술직을 맡아 관청에서 근무했어요. 통역을 맡아 보는 역관, 의술에 종사하던 의관, 형률에 관한 일을 하던 율관 그리고 그림을 그리던 화원 등이 여기에 속하지요. 기술직은 전문적인 육성 기관이 따로 없어서 대를 이어 가정에서 교육을 받거나 해당 관청에 가서 기술을 습득해야 했어요. 실력을 갖추게 되면 기술직 관료를 뽑는 시험인 잡과에 응시해 관직에 진출했지요. 당시의 기술직은 오늘날 매우 인기 있는 직업일 뿐 아니라, 동서양을 막론하고 오래전부터 전문화된 직업들이에요. 하지만 조선 시대에는 문·무관보다 기술직을 하등하게 여기는 통념이 지배적이었답니다.

> 비록 근본이 비천한 데 속하지 않는다고 하나 …… 기예에 능함이 있다고 모두 천인이 아니라고 해 으레 당상관에 제수하겠습니까? …… 역사에 '모년 모월 모일에 화공 아무개에게 특별히 당상관을 제수했다.'고 하면, 오랜

세월 뒤에 어떻게 생각하겠습니까?

—《성종실록》

위 글은 당시 사람들이 화원을 어떻게 인식하고 있었는지를 보여 줘요. 성종은 •어진을 성공적으로 제작한 공을 칭찬하고자 화원인 최경과 안귀생을 당상관으로 승급시키려 했어요. 하지만 문신 관료들의 강한 반대에 부딪혀 이 일은 결국 무산되고 말았지요. 이처럼 중인들은 신분에 따른 차별에 시달렸지만, 전문적인 지식과 기술 그리고 경제력을 무기로 큰 성공을 거두는 경우가 많았어요.

허생이 "내 집이 가난해서 무엇을 조금 시험해 볼 일이 있어 그대에게 만금을 빌리러 왔소."했다. 변 씨는 "그러시오."하고는 곧 만금을 내주었다.

—《허생전》(박지원)

《허생전》에는 몰락한 양반인 허생이 당대 최고의 갑부인 변 씨를 찾아가 돈을 빌리는 대목이 나와요. 허생에게 선뜻 거금을 빌려 준 변 씨는, 숙종 때 실존했던 역관인 변승업을 모델로 한 인물이에요. 실제로 변승업을 비롯한 조선의 역관들은 대외 무역에 적극 참여해 막대한 부를 누렸답니다.

기술직 관료 이외에 중앙 관청에 소속된 하급 관리나 지방에서 수령을 보좌하는 향리도 중인에 속했어요. 향리는 원래 지방의 유력자로, 고려 시대에는 각 지방에서 독립적인 세력 기반을 가지고 있었어요. 지방에 관리가 파견되지 않았던 고려 시대의 특성상 향리가 실제적인 행정 업무를 처리했지요. 설령 관리가

어진 임금의 얼굴을 그림으로 그린 것, 또는 사진

파견된다고 해도 중앙에서 일시적으로 보낸 지방관보다 토착 세력인 향리가 더 큰 영향력을 행사했어요. 이들은 과거에 응시할 수 있었고 국가에서 보수도 받았지요. 하지만 조선의 건국 이후 강력한 중앙 집권 정책이 시행되면서 향리의 지위는 크게 떨어졌어요. 과거에 응시하지 못하게 되었고 보수도 받지 못했지요. 단지 관리를 보좌하는 역할을 맡을 뿐이었어요.

넓은 의미로는 서얼도 중인에 포함되었어요. 서얼이란 양반의 첩이 낳은 자식을 말하는데, 그중에서도 서자는 양인인 첩의 자손을, 얼자는 천민인 첩의 자손을 의미한답니다. 성리학적 신분 질서가 자리 잡으면서 서얼에 대한 사회적 차별은 더욱 강화되었어요. 《경국대전》에 따르면 서얼은 문과에 응시하는 것이 금지되어 있었고, 설령 등용된다 하더라도 승진에 제한이 있었지요. 또한 가문의 재산을 상속받을 수 없는 등 많은 차별을 받았어요. 하지만 이들은 신분 상승을 위해 끊임없이 노력했어요. 그 노력은 신분제가 완전히 폐지될 때까지 계속되었답니다.

상민과 천민의 생활

〈농부 점심 먹고〉 김준근의 풍속화로 농부들의 단출한 점심 식사 모습을 그렸다.

조선 시대의 네 가지 신분 가운데, 백성의 대부분을 차지한 것은 상민이에요. 상민의 '상(常)' 자는 평범함을 뜻하는 글자랍니다. 당시 상민은 생산 활동을 담당하던 사람들로 농민, 수공업자, 상인 등이 포함되었어요. '농자천하지대본', 즉 농업은 천하의 사람들이 살아가는 가장 큰 근본이라는 말이 있을 정도로 조선은 농업을 나라의 근본으로 삼았어요. 당연히 농민의 사회적 지위는 수공업자와 상인에 비해 높을 수밖에 없었지요. 이는 농민 자체를 귀하게 여겨서라기보다 세금을 수취하기 용이했기 때문에 일어난 현상이에요. 장사를 하며 여기저기로 떠도는 상인들은 소득을 가늠하기 어려웠기 때문에 세금을 걷기 까다로웠지만, 농민들은 토지에 묶여 있어 통제하기 쉬웠거든요.

농민들은 종일 뙤약볕 아래에서 씨를 뿌리거나 김을 매며 매우 고된 하루하루를 살았어요. 이른 새벽부터 시작된 노동은 식사 때에나 잠시 쉴 수 있었지요.

> 광주리에 담긴 향기로운 보리밥이여
> 아욱국 달디 달아 숟갈에 매끄럽게 흐르네.
> 어른 젊은이 차례로 둘러앉아
> 왁자지껄 밥 먹는 소리 요란타.

– 《금양잡록》(강희맹) 중 〈구복〉

위 시의 제목인 〈구복〉은 우리말로 '배를 두드리며'라는 재미난 의미를 담고 있어요. 힘든 노동 끝에 흡족하게 식사를 즐기는 농민의 마음이 잘 드러나 있지요. 새참과 함께 농사일의 고단함을 달래 주었던 것은 다름 아닌 노래였어요. 농사일을 하며 부르는 농요에는 농민들의 생활상과 애환이 진솔하게 담겨 있답니다.

〈벼타작〉 김홍도의 풍속화. 일꾼과 술병을 앞에 놓고 쉬고 있는 감독자의 불공평한 관계를 풍자했다.

> 하아나 둘요
> 둘을 심으니 서이서이 너니 ……
> 여기저기 심어도

*삼배출 자리로 심어라
여기저기 꽂아도
사방 *줄모로 꽂아라.

— 〈모내기 노래〉

경기도 양주 지방에서 전해 오는 〈모내기 노래〉예요. 이 외에도 〈흙거름 노래〉, 〈소 모는 소리〉, 〈밭 발리는 소리〉 등 지방과 농사일에 따라 다양한 노동요들이 전해지고 있어요. 조선 후기의 문인인 정학유는 농사를 장려하기 위해 〈농가월령가〉라는 가사를 지어, 24절기에 따른 농민들의 농사일을 노래했어요. 〈농가월령가〉에 묘사된 내용과 그 밖에 세시풍속 등을 참고해 계절에 따른 농사일을 정리하면 다음과 같아요.

시기	농민들이 하는 일
봄	밭 갈기, 씨(봄보리, 조, 콩, 각종 채소류) 뿌리기, 모내기, 목화밭 갈기
여름	보리 수확 및 타작, 논과 밭의 김매기, 잡초 베어 비료 만들기, 담배 모종 심기
가을	벼 베기 및 타작, 목화 따기, 가을보리 파종, 각종 곡식 수확, 김장하기
겨울	베 짜기, 옷 짓기, 멍석 짜기, 이엉 엮기, 농기구 간수 및 손질, 담장 수리

또 다른 상민인 수공업자는 '만들 공(工)' 자에 '기술자 장(匠)' 자를 써서 공장이라고 불렸어요. 물건을 잘 만드는 기술자라는 뜻이지요. 처음에는 관청에 소속된 관영 수공업자가 대부분이었으나, 조선 후기로 넘어가면서 민영 수공업자

삼배출 한 마지기의 땅에서 석 섬의 곡식을 내는 소출
줄모 못줄을 대어 가로와 세로로 줄이 반듯하도록 심는 모

가 크게 증가했답니다.

> 마조장(도자기 굽기 전에 매만지는 사람), 목장(나무를 다루는 일을 하는 사람), 석장(돌을 다루는 일을 하는 사람), 돌장(온돌장), 도채장(채색하는 사람), 조각장(조각하는 일을 맡아 하던 사람), 석회장(석회를 굽는 사람), 니장(미장), 개장(기와를 잇는 사람), 전장(벽돌을 만드는 사람)……
>
> —《경국대전》

건축을 담당했던 관아인 선공감에는 스물한 종류로 분류된 장인들이 등록되어 있었어요. 당시 직능별로 꽤 많은 종류의 공장이 다양한 기술로 제품을 생산하고 유통했지요.

〈기와이기〉 김홍도의 풍속화로 건축에 관련된 장인들이 일하는 모습을 묘사했다.

상인에는 한양의 시전에서 장사하는 시전 상인과 여기저기로 떠돌아다니며 물건을 파는 행상이 있었어요. 시전 상인과 행상은 모두 정부의 통제를 받으며 상거래에 종사했지요. 유교에서는 상업을 직접 생산에 종사하지는 않으면서 시간과 공간의 차이를 이용해 쉽게 돈을 버는 기생적인 일로 치부했어요. 그래서 철저한 유교 중심의 농본주의 국가였던 조선에서 상인들의 삶은 녹록지 않았지요. 특히 평범한 행상의 경우에는 국가의 통제가 아니더라도 고되고 위험한 일을 당하는 경우가 많았어요. 물품을 가지고 움직이다 보니 강도의 표적이 되기 쉬웠거든요.

> 전주의 행상 몇 사람은 정읍현에서 숙박하다가 도적의 칼에 찔렸고 그중 한 사람은 즉사했습니다. 영남 사람은 공물을 받으러 금산 땅을 지나다가 밤에 산적을 만났는데, 한 사람이 살해되었습니다.
>
> – 《문정공유고》(민유중)

조선 후기가 되어 상업이 발달하면서 상인의 수는 크게 늘어났어요. 상업을 천시하고 상인들을 우습게 여기던 사회 분위기도 서서히 변화되었지요.

천민의 대다수는 노비였어요. 노비는 남자 하인을 뜻하는 '노(奴)자'와 여자 하인을 뜻하는 '비(婢)' 자가 합쳐진 말로, 신분이 세습되고 자유가 없는 비천한 존재였지요. 노비는 매매하거나 상속할 수 있을 뿐 아니라 기증하거나 선물할 수도 있었어요. 여종의 경우에는 뱃속의 태아까지 값을 쳐서 거래했지요.

조선의 노비는 관청에 소속된 공노비와 개인에게 소속된 사노비로 구분할 수 있어요. 이들 대부분은 농사를 지었는데 남의 땅을 빌려 소작하는 양인 농민과 얼핏 비슷해 보였지만, 평생 주인에게 얽매여 일만 해야 하는 신세라는 점에서 차이가 있었지요. 노비들은 소유주의 개인 재산으로 여겨져 납세의 의무는 없었으나, 누릴 수 있는 법적 권리도 거의 없었어요. 노비들의 몸값은 때에 따라 약간의 변동은 있었지만 그리 높지 않았답니다.

노비의 가격은 대부분의 경우에 오승포 150필을 넘지 않습니다. 말의 가격은 400~500필에 달합니다. 이는 가축은 중히 여기고 사람은 가벼이 여기는 것이니 이치에 맞지 않습니다.

–《태조실록》

그 밖에도 노비는 아니지만 노비처럼 천대받는 사람들이 있었어요. 뱃사공, 묘지기, 어부, 백정, 광대, 무당, 기생 등이 여기에 속하는데, 이들은 법적으로 양인에 속했지만 실제로는 노비와 다를 바 없는 천시를 받았어요. 하지만 개중에는 달문처럼 타고난 재주를 바탕으로 유명세를 탄 인물도 있었어요. 그는 춤과 연기에 능하고 입담이 뛰어나 조선 전역에 이름을 떨친 광대였어요. 달문은 장가도 들지 않고 이곳저곳을 떠돌며 살았는데 "아침이면 도시 안에 들어가 노래를 부르며 다니다가 저녁이면 부잣집 문하에 들어가 잠자면 그만이지. 한양 성중이 8만 호이니 매일 집을 바꾸어 자더라도 일생 동안 다 다니지 못할 것이다."라고 말하며 풍류를 즐겼다고 해요.

신윤복의 풍속화(좌), 김준근의 풍속화(우) 기생과 무당은 천민 특수 직업이었다.

그 고을 사람들 달문 한 번 보자고
가는 곳마다 몰려 떼를 이루었네. ……
가는 곳마다 사람들 그의 얼굴 알아보고
구경 나온 사람들로 담장을 둘러친다. ……
별난 재주 익살스런 소리
이름이 벌써 온 나라를 들썩이다가……

－〈달문가〉

아주 드문 경우이긴 하지만 미천한 신분의 천민이 능력을 인정받아 출세하는 경우도 있었어요. 조선의 발명왕, **장영실**이 그 대표적인 사례예요. 조선 시대에는 어머니가 기생이면 그 자식도 노비가 되어야 했어요. 관아에 소속된 기생의 아들이었던 장영실은 법에 따라 어쩔 수 없이 노비로 살아야 했지만, 관아의 기구들을 과학적으로 바꾸는 데 탁월한 재주가 있었어요. 장영실의 재주에 대한

앙부일구 장영실이 만든 해시계로 임진왜란 때 유실되었으며, 현재 남아 있는 것은 2~3세기 후에 같은 제작 기법으로 만든 것이다.

혼천의 천체의 운행과 그 위치를 측정하던 천문 관측기구이다.

소문은 한양의 궁궐에까지 퍼졌고, 신분을 가리지 않고 인재를 구하던 세종에게 발탁되어 장영실은 관직에 진출할 수 있었지요. 장영실은 이후 천체의 운행과 현상을 관측하는 간의와 혼천의, 해시계인 앙부일구 그리고 물시계인 자격루 등을 발명해 조선의 과학 발전에 크게 이바지했어요.

수완을 발휘해 많은 재산을 모은 천민도 있었어요. 《태종실록》에 등장하는 불정은 노비 신분의 거상으로, 무려 1500필의 베를 숨긴 죄로 체포되었답니다. 노비의 재산 소유는 주인의 제한을 받는 경우가 많았지만, 주인이 모든 노비를 통제할 수 없었기 때문에 불정과 같은 인물들이 종종 나타났지요. 소수의 노비에 국한되었지만, 축적한 재산을 자식에게 물려주거나 노비가 노비를 소유하는 경우도 있었다고 해요.

자격루 장영실이 만든 물시계로 자동으로 시보를 알려 주는 장치가 되어 있었다.

이처럼 조선 시대 사람들은 태어날 때부터 신분이 정해져 있었고, 신분제는 법에 의해 운영되었어요. 《경국대전》에 의한 엄격한 신분 체제는 조선을 지탱하는 강력한 사회 원리로 작용했지만 조선 후기에 이르러서는 사회 전반에 걸친 변화와 함께 신분제에도 동요가 일어났답니다.

조선 후기 신분제의 동요

옷차림은 신분의 귀천을 나타내는 것이다. 그런데 어찌된 까닭인지 근래 이것이 문란해져서 상민, 천민들이 갓을 쓰고 도포를 입는 것이 마치 조정의 관리나 선비와 같이 한다. 진실로 한심스럽기 짝이 없다. 심지어 시전 상인들이나 군역을 지는 상민들까지도 서로 양반이라고 부른다.

–《일성록》

18세기 후반이 되자 조선의 신분 질서가 동요하기 시작했어요. 양반이 아닌 사람이 양반으로 신분을 상승하려는 움직임이 조선 후기 이래 근대까지 이어졌지요. 반상제에 따른 신분의 구분은 법이 아닌 관행으로 형성된 것이었기 때문에 양반으로의 신분 상승이 가능했던 거예요.

조선 후기의 사회·경제적 변화 속에서 양반층은 서서히 도태되었어요. 붕당 정치가 변질되어 정치 갈등이 극심해지면서 권력을 장악하지 못한 다수의 양반들이 잔반 신세로 전락했지요. 잔반이란 보잘것없이 몰락한 양반을 가리키는 말로, 이들은 농업, 상업, 수공업 등에 종사하며 생계를 꾸려 나갔어요.

조선 후기의 백성들은 **납속책**과 **공명첩**을 통해 양반이 될 수 있었어요. 납속책은 곡물을 바친 사람에게 그 대가로 벼슬을 주던 정책이에요. 그리고 공명첩은 이름을 적지 않은 백지 임명장으로, 돈이나 곡식을 바친 사람에게 명목상의 관직을 주는 데 사용되었지요. 본래는 임진왜란 때 군량을 모으기 위해 임시로 실시된 것인데, 전쟁이 끝난 뒤에도 재정이 어려울 때마다 수시로 시행되었어요. 이 두 가지 방안을 통해 재력이 있는 사람들은 합법적으로 신분을 상승시켰답니다.

〈자리짜기〉 김홍도의 풍속화. 양반 차림을 한 사람이 수공업에 열중하고 있다.

한편 관가에 뇌물을 바쳐 호적을 고치거나 족보를 구입하고, 과거 합격증인 홍패를 위조하는 등의 불법적인 방법으로 신분이 상승한 사람들도 있었어요. 박지원이 쓴 〈양반전〉에 등장하는 신분을 판 몰락 양반과 신분을 산 부자 상민처럼 조선 후기에는 신분을 사고파는 일들이 실제로 일어났답니다.

"양반 어른이 관곡을 갚지 못해 딱한 신세가 되었다는 소식을 듣고 소인이

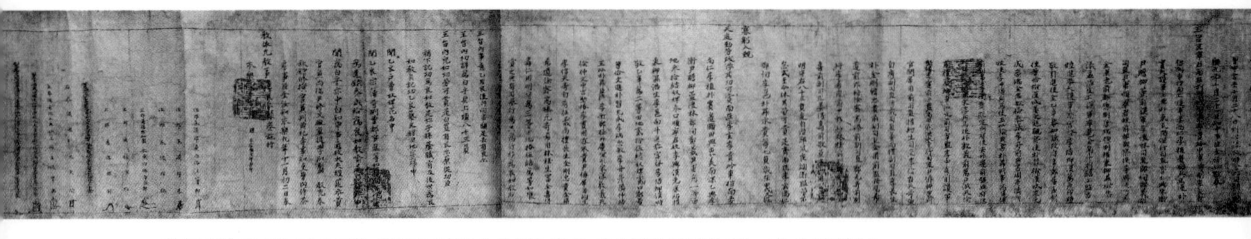

공명첩 이름을 적지 않은 임명장. 돈이나 곡식을 바친 사람에게 관직을 주는 데 사용되었다.

> 어르신께서 빚을 진 관곡을 모두 갚아 드리고 대신에 그 양반 신분을 양도받고 싶어 찾아왔습니다." 양반은 관곡을 갚지 않으면 당장 감옥에 갈 처지여서 쾌히 허락했다.
>
> — 〈양반전〉(박지원)

양반 인구가 급격히 늘어나면서 19세기에는 전체 주민의 절반 이상이 호적상 양반으로 기록되기도 했어요. 이와 관련해 조선 후기의 실학자인 정약용은 나라 안의 사람들이 모두 양반이 되면 양반은 없어질 것이라며 조선 후기 신분제의 동요를 지적했지요. 중인층에서도 신분의 변동이 나타났어요. 양반의 첩 소생으로 차별 대우를 받던 서얼들이 18~19세기에 활발하게 신분 상승 운동을 벌였어요. 꾸준히 집단 상소를 올린 끝에 서얼은 마침내 문무고관의 관직에 진출하는 데 성공했답니다.

> 아아, 우리나라에서는 서얼을 벼슬에 쓰지 않은 지 300여 년이나 되었습니다. 정사의 폐단이 이보다 심한 것이 없습니다. …… 아아, 신분의 차등이 비록 엄격하지만 국가의 체통에는 도움이 없고 구분을 너무 까다롭게 해 한 집안에 은혜가 적습니다. …… 어찌 다시 어미의 귀천에 차별을 두시겠습니까.
>
> —《연암집》

서얼들의 성과에 자극을 받은 기술직 중인 관료들도 집단 상소를 올려 자신들의 신분적 제한을 풀어 달라고 요청했어요. 기술직 중인은 법적으로는 문무과에 응시할 수 있어 관직 진출에 제한이 없었지만, 주요 관직에 임용되지 못하는 등 실제로는 차별을 받았지요. 1851년에 1800여 명이 연합한 대대적인 상소 운동은 이들이 불만을 표출한 대표적인 사건이었어요. 상소 운동은 별다른 성과를 거두지 못했지만, 양반 중심의 신분 질서가 붕괴되고 있음을 드러낸 계기가 되었지요. 이들은 비록 차별을 철폐하지는 못했지만 탄탄한 경제력과 전문 지식을 바탕으로 문화와 예술 분야에 큰 업적을 남겼답니다.

한편 조선 후기에는 최하층민인 노비의 수가 크게 줄어들었어요. 전체 인구의 30퍼센트가 넘고 한때는 그 비중이 인구의 절반을 차지했지만, 온갖 차별과 멸시 속에서 살아 온 노비들에게 천민 신분의 굴레를 벗는 면천은 오랜 열망이었어요.

면천은 노비 개인의 노력이나 소유주의 시혜가 아닌 국가의 정책에 의해 주로 이루어졌어요. 재정 부족, 전쟁, 자연재해, 기근 등 국가에 위기 상황이 닥쳤을 때 이를 타개할 방법으로 면천을 실시한 것이지요. 국가는 군역 대상자와 재정을 보충하기 위해 돈이나 곡식을 받고 노비의 신분을 면해 주었어요. 일반적이지는 않았지만 전쟁에서 공을 세우고 벼슬을 하사받는 경우도 있었지요.

> 공노비, 사노비가 적 한 명의 목을 베면 면천하고, 두 명의 목을 베면 우림위(왕실과 왕을 호위하던 군인), 세 명의 목을 베면 허통(벼슬길을 허용함), 네 명의 목을 베면 수문장(궁궐문을 지키는 벼슬직)에 임명하는 것이 이미 규례입니다.
>
> —《선조실록》

정부는 노비의 수를 줄이기 위해 노비종모법을 시행했어요. 어머니가 천민인 경우에만 그 자식이 노비가 되고, 나머지 경우는 양인이 되는 제도였지요. 이 제도가 1731년에 정착되기 이전에는 일천즉천, 즉 부모 중 한 명만 천민이어도 그 자손은 천민이 되는 법이 적용되고 있었어요. 당시에는 양인과 노비가 결혼하는 경우가 흔해 노비종모법으로 양인이 되는 노비가 적지 않았답니다.

국가 차원의 면천 정책들도 있었지만, 노비들이 신분에서 벗어나는 가장 흔한 방법은 '도망'이었어요. 잡히지만 않는다면 얼마든지 노비 신세를 면할 수 있었거든요. 도망친 노비들은 행상을 하거나 •임노동자가 되어 생계를 유지했는데 이

임노동자 자기의 노동력을 자본가에게 제공하고 그 대가로 임금을 받는 노동자

는 조선 후기에 발전한 상품 화폐 경제와도 관련이 있답니다.

국가에 소속된 공노비 중에서도 도망자가 속출하면서 18세기 말에는 더 이상 노비 제도를 유지하기 어려운 지경이 되었어요. 이에 조선 정부는 일부 공노비를 제외하고 6만 6000여 명의 공노비를 해방시켰어요. 여기에는 노비를 양인으로 전환해 부족한 조세 수입을 보충하려는 정부의 의도가 숨어 있었지요. 그리고 마침내 1894년에 있었던 갑오개혁으로 신분제가 폐지되면서 노비 제도는 완전한 종말을 고했답니다.

출세의 사다리, 과거

조선 시대 과거 합격자들의 자부심은 대단했어요. 서거정의 《필원잡기》에 기록된 내용을 보면 과거를 보지 않고 음서로 관직에 오른 이들은 아무리 관직과 신분이 높다 해도 '선생'이 아닌 '대인'이라 부르며 공개적으로 면박을 주었다고 해요.

개인의 능력과 노력을 평가해 관리로 선발하는 과거 제도는 상당히 공정한 인재 등용 방법이었어요. 고급 관료의 자손을 임용하는 음서나 초야에 묻힌 숨은 인재를 발굴하는 천거로도 관리가 될 수는 있었지만, 관직에 나아가 제대로 행세하기 위해서는 과거에 합격해야 했지요. 이 때문에 조선 시대 양반들은 자식의 공부에 상당한 공을 들였어요. 형편이 여의치 않은 경우에는 친인척들이 나서서 과거를 볼 수 있게 도와줄 정도였지요.

과거를 중시하는 분위기는 과거제의 종주국인 중국 역시 마찬가지였어요. 송나라 때부터 과거제가 정착되면서 과거를 치르지 않고는 고위 관직에 오르기 매우 어려워졌거든요. 입신양명과 부귀영화를 꿈꾸던 많은 사람들은 과거 급제를 인생 최고의 목표로 삼았어요. 송나라 황제인 진종이 과거 준비생들을 격려하기 위해 쓴 글에서도 과거에 대한 당시 사람들의 인식이 고스란히 드러난답니다.

부자가 되기 위해 좋은 토지를 사들일 필요가 없나니
책 속에 천 석의 쌀이 놓여 있도다.
편안히 살기 위해 호사스러운 집을 지을 필요가 없나니
책 속에 황금으로 만든 집이 지어져 있도다.……
아내를 얻으려고 좋은 중매가 없음을 한탄하지 마라.
책 속에 옥 같은 여인이 있도다.
남아로 태어나 평생의 뜻을 이루고 싶거든
유교 경전을 창 앞에 두고 부지런히 읽으라.

— 《권학문》(진종)

과거 시험은 많은 노력과 경제적 비용이 필요한 일인 데다 합격이 보장되어 있지 않았기 때문에 욕망이 지나친 사람들은 출세를 위해 비열한 행동을 저지르기도 했어요. 독방에서 시험을 치렀던 중국의 경우에는 유교 경전의 내용을 붓으로 깨알같이 적은 부정행위용 속옷이 등장했고, 조선에서는 대리 시험이나 출제자 또는 채점자와의 공모, 친인척을 이용한 부정행위 등으로 시비가 끊이지 않았답니다.

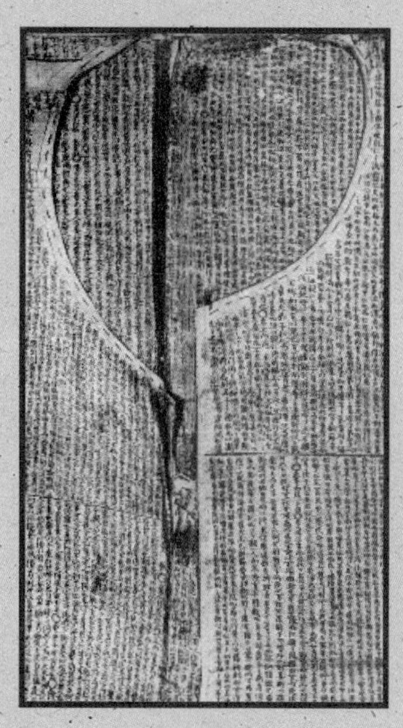
중국에서 사용된 부정행위용 속옷

양반 문화의 발달과 문화의 새 경향

조선 시대에는 성리학이라는 통치 이념 아래 민족적 성향이 강한 문화가 발달했어요. 조선 초기에는 지배층인 양반들만 향유했으나, 시간이 흐르면서 점차 서민들이 문화의 주인공으로 나섰지요. 조선 후기의 경제 발전과 서민들의 의식 성장 덕분이었어요. 학문과 사상 그리고 각종 발명품과 예술품 등 다양하게 발전한 조선의 문화에 대해 살펴보도록 해요.

국가 운영의 기본 원리, 성리학

성리학은 고려 시대에 크게 부흥했던 불교를 대신하며 조선의 새 왕조를 지배하는 학문이자 사상으로 자리 잡았어요. 조선의 개국 공신이자 동양 최고 수준의 불교 비판서인 《불씨잡변》을 저술한 정도전에 의해 승려들의 정치 참여가 금지되고 불교 사찰의 규모가 축소되면서 바야흐로 성리학의 시대가 열렸지요.

정도전(1342~1398) 고려 말, 조선 전기의 학자. 조선 개국의 일등 공신으로 성리학을 지도 이념으로 내세웠다.

중국에서 비롯해 고려 말기에 우리나라에 들어온 성리학은 우주 만물의 이치와 인간 사회의 문제를 통일된 하나의 원리로 바라본 학문이에요. 요즘으로 치면 인문학과 사회 과학 그리고 자연 과학에 걸쳐 있는 학문이라고 할 수 있지요. 성리학은 사물을 한층 합리적으로 바라보는 데 도움을 주는 한편 조선의 과학 발달에도 영향을 주었답니다.

권근은 정도전의 뒤를 이어 성리학을 더욱 발전

시켰어요. 문장에서도 뛰어났던 권근은 성리학의 기본 원리를 쉽게 풀이한 《입학도설》과 유교 경전을 풀이한 《오경천견록》 등을 편찬하며 성리학이 조선에 정착하는 데 이바지했어요. 그의 학풍은 중앙에 진출한 관료 학자들에게 계승되었지요.

세종 이후에는 성균관과 집현전을 중심으로 성리학적 지식을 겸비한 인재들이 많이 배출되었어요. 그 외의 각 교육 기관에서도 성리학을 가르쳤는데 이는 과거 시험을 치르기 위해서는 성리학적 소양을 반드시 갖추어야 했기 때문이지요.

조선 초기 관학으로서의 성리학은 주로 제도와 의례를 중심으로 조선의 기틀을 다지는 데 공헌했어요. 《경국대전》은 그 대표적인 성과물로 여기에 적힌 조선의 법률은 모두 성리학에 바탕을 두고 있답니다.

16세기 이후에는 성리학을 도덕 수양과 같은 근본적인 측면에서 바라보는 경향이 강해졌어요. 이를 주도한 것은 조선의 개국을 반대하고 재야 향촌 사회에서 활동하던 사림파였지요. 사림파는 중국의 성리학 저서인 《성리대전》과 《근사록》 등을 통해 성리학 연구를 심화했어요. 이처럼 사림파가 성리학 연구에 매진할 수 있었던 것은 다름 아닌 사화 때문이었어요. 16세기 전반에 잇따른 사화를 겪으며 낙향한 사림들이 학문을 탐독하는 일에만 집중한 거예요.

성리학에 대한 수준이 높아지고 연구 분야가 세분화되면서 사림파 사이의 토론과 논쟁 또한 치열해졌어요. 논의의 범위는 우주론에서 인간의 인성론에 이르는 매우 방대한 것이었지요. 학설의 차이는 곧 학파의 형성으로 이어졌어요.

선천적으로 명석할 뿐 아니라 학문을 향한 열정 또한 뛰어났던 이황과 이이는 중국에서 들어온 성리학을 조선의 특색에 맞게 발전시켰어요.

공부에 힘쓰되 늦추지도 말고 보채지도 말며, 죽은 뒤에야 그만둘 것이니, 만일 그 효과가 빨리 나기를 구한다면 그 또한 이익을 탐하는 마음이니라. 만일 이같이 아니하면 어버이에게서 물려받은 몸뚱이를 욕되게 함이라.

–《자경문》(이이)

권세를 쥔 간신들이 정권을 도맡아 국사가 날로 비하해지자, 이황은 결국 병을 핑계 삼아서 경상도 예안 지방으로 물러가 살았다. 여러 번 조정의 부름을 받았으나 모두 거절하고 나가지 않았으며, 혹 나갔다 해도 곧 돌아오곤 했다. 식량이 자주 떨어졌으나 조금도 개의치 않았고, 날마다 경서를 탐구하고 도를 즐기는 것으로 일을 삼았다.

–《명종실록》

이황과 이이가 탁월한 학문적 업적을 남기자, 그들을 따르는 후배들이 늘어났어요. 영남 지방과 •기호 지방에서 각각 이황과 이이를 추종하는 학파가 등장했지요. 이처럼 조선의 성리학은 학설, 지역, 정치적 견해에 따라 여러 갈래로 나뉘었는데 성리학자들이 관직에 진출한 이후에는 정파로서의 성격도 지녔답니다.

성리학에 대한 이론적 탐구는 17세기 이후에도 계속되어 예학의 발달로 이어졌어요. 예학은 예절에 대해 연구하는 학문으로, 특히 제사를 지내는 의례를 중시했지요. 예학은 성리학적 질서를 실천하고 표현하기 위해 꼭 필요한 것이었어요. 현종 때 대대적인 정권 교체의 원인이 되었던 예송 논쟁은 당시 조선 사회에서 예학이 얼마나 중요했는지를 보여 주는 단편적인 사례랍니다.

기호 경기도와 황해도 남부 및 충청남도 북부를 이르는 말

도산 서원 경북 안동에 위치한 서원으로 이황 학파의 중심지였다.

자운 서원 경기도 파주에 위치한 서원으로 이이 학파의 중심지였다.

성리학은 조선의 윤리 문화에도 큰 영향을 미쳤어요. 국가는 충신들을 위해 사당을 세우는 한편 효자와 열녀에게는 기념비를 내리며 유교 윤리를 확립하기 위해 애썼어요. 이러한 분위기에 따라 《삼학사전》, 《임경업전》과 같이 외세에 대항하며 절개를 지키는 주인공이 등장하는 문학 작품도 나타났지요. 《심청전》이나 《춘향전》처럼 효와 정절을 강조한 판소리도 유행했는데 이러한 작품들이 등장하면서 조선 사회에는 성리학에 기반한 문학 사조가 확립되었답니다.

> "소녀는 두 남편을 섬기지 않는 열녀의 마음을 따를 것이오니 …… 죽으면 죽었지 분부 시행 못 하겠소. 정절은 양반 상놈이 없사오니 억지 말씀 마옵소서. …… 두 남편을 섬기지 않는 이 내 마음, 두 임금을 섬기지 않는 마음과 무엇이 다르리까?"
>
> -《춘향전》

성리학이 일상생활에까지 스며들면서 조선의 풍속은 점차 유교식으로 변했어

가묘 집 안의 사당. 조상의 신주를 모시고 주기적으로 제사를 지내던 곳이다.

요. 남성 중심의 친족 의식이 강해지고, 원나라의 간섭기를 거치며 유행했던 일부다처제 대신 일부일처제의 풍습이 정착되었지요. 장례 풍습도 기존의 불교식 백일제 대신 일반 백성들은 3일장, 왕실은 **3년상**으로 치르는 유교식으로 바뀌었답니다. 조선 후기에는 집에 가묘를 설치해 조상의 신주를 모시고 주기적으로 제사를 지내는 것이 보편화되었지요.

이렇듯 철저하게 성리학 중심으로 운영된 조선 사회에서 다른 종교의 위상은 어떠했을까요? 불교, 도교, 민간 신앙 등은 삼국 시대 이래 꾸준히 명맥을 이어 오며 그 사상이 백성들의 삶 속에 뿌리 깊게 자리 잡고 있었어요. 조선 왕조는 유교를 제외한 나머지 종교를 이단으로 배척했지만 이와 관련된 풍속까지 한꺼번에 제거할 수는 없었어요. 그래서 타 종교의 문화적 순기능을 인정하고 종교적 기능을 일부 용납하는 정책을 펼쳤지요.

먼저 불교에 대해서는 질서 없이 난립해 있던 여러 종파를 교종과 선종, 두 종류로 통합하고, 사찰과 승려의 수를 크게 줄였어요. 또한 사찰이 소유한 토지와 노비를 몰수해 경제권을 제한했지요. 그러나 국가나 왕실의 안녕과 번영을 기원하는 불교 행사는 계속 치르도록 두었어요.

도교 역시 이전에 비해 교세가 대폭 축소되었어요. 과도한 종교 행사로 인한 폐해는 고려 시대부터 지적받아 온 문제였지요. 그러나 국가의 권위를 높이는 제천 행사만은 여전히 중요한 행사로 여기며 거행했답니다. 한편 무속은 음흉하고 사악한 것으로 간주해 그 활동을 억제하고, 무당은 아예 한양에서 살 수 없도록 했어요. 하지만 역설적이게도 궁 안에는 국무당을 두어 무속을 활용한 심령 치료 기능을 인정하기도 했지요.

조선의 문화는 성리학을 바탕으로 이루어져 있었지만 매우 복잡하고 종합적인 성격을 가지고 있어요. 그래서 한 가지 원칙으로 일관되게 설명하기 어렵답니다.

조선 전기 문화의 발달

15세기부터 조선의 학문과 문화는 크게 발달했어요. 특히 세종 때 집현전 학자들을 중심으로 과학 기술에 관한 연구가 활발히 이루어졌지요. 당시의 집권 세력이던 훈구파는 성리학을 현실 개혁에 바탕이 되는 사상으로 인식하고, 부국강병과 민생 안정을 위한 실용적인 분야를 발전시키기 위해 애썼어요. 그 결과 중국과는 다른, 조선의 현실에 맞는 결과물들이 탄생했는데 그중 가장 대표적인 것이 1443년에 제정된 한글이랍니다.

> 조선의 말이 중국말과 달라서 한자 표현이 통하지 않아 그러한 이유로 여러 백성이 말하고자 해도 끝내 제대로 그 뜻을 서로 전달하지 못하는 게 사실이다. 임금으로서 이를 가엾게 여겨 새로운 스물여덟 글자를 만들었으니 모두 하고 싶은 말을 쉽게 배워 써서 자유롭게 소통했으면 한다.
>
> –《훈민정음 해례본》

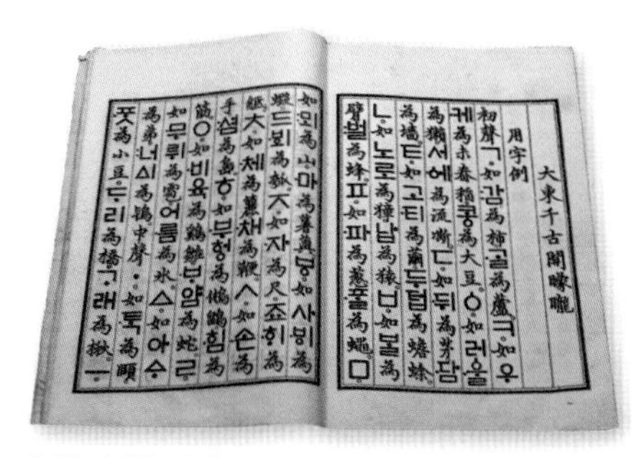

▌《훈민정음 해례본》 집현전 학사들이 한글을 만든 원리와 용례를 설명해 놓은 책이다.

한자 문화권에 속한 거란, 여진, 베트남, 일본 등은 한글이 제정되기에 앞서 자신들의 문자를 만들었으나, 한자를 빌려 약간 변형한 것에 지나지 않았어요. 하지만 우리나라의 한글은 음운 이론을 바탕으로 고안한 창의적인 문자로, 세계 문자 역사에 비추어 보아도 획기적인 것이었지요. 한글은 변화무쌍한 우리말을 자유롭게 표현할 수 있고, 어떤 나라의 말이든지 그 발음을 거의 원형에 가깝게 적을 수 있어요. 이러한 특성을 가진 문자는 세계 어느 곳에서도 유례를 찾기 어려울 정도예요. 또한 백성들의 손쉬운 의사소통을 위해서라는 제작 의도에서 알 수 있듯이 한글은 백성을 이롭게 하는 민본주의 정책의 발로이기도 했어요.

농업을 중시했던 조선 시대에는 농업 발달에 도움이 되는 각종 기구와 과학 기술이 크게 발달했어요. 왕조를 연 직후인 1395년에 제작된 〈천상열차분야지도〉는 가로 1미터 세로 2미터 정도의 큰 돌에 1467개의 별들을 늘어놓은 천문도로, 당시 사람들이 천문과 우주에 상당한 관심이 있었음을 알려 주는 자료예요. 또한 세종 때 제작된 측우기, 간의, 혼천의, 앙부일구, 자격루 등은 당시 과학 기술의 수준을 잘 보여 주지요. 유교 사상에 따르면 하늘의 움직임은 군주의 덕과 관계가 깊었기 때문에 천문 기상학에 대한 관심은 이후로도 꾸준히 이어졌어요. 《조선왕조실록》에 일식, 월식, 혜성 출몰, 천재지변에 관한

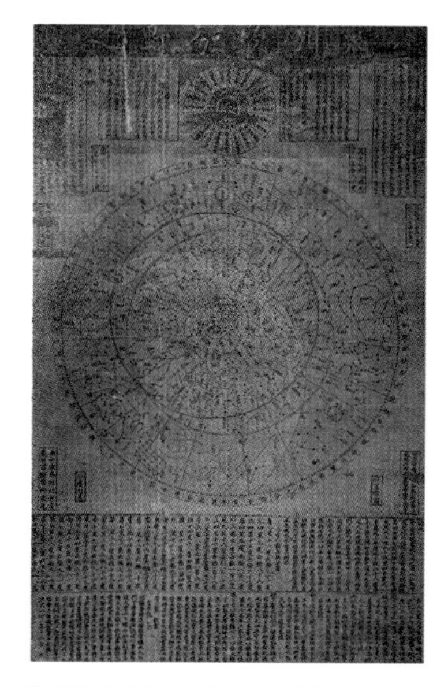

▌〈천상열차분야지도〉 조선 초기인 1395년에 제작된 천문도이다.

기록이 빠짐없이 기록되어 있는 것도 다 이러한 관심 때문이지요. 천문학의 발달은 •역법의 발달로 이어졌어요. 그 결과 우리 나름의 달력계산법으로 만든 〈칠정산〉이라는 역서가 등장했지요.

질병을 치료하는 의학 역시 국가에서 장려한 분야 중 하나였어요. 고려 말부터 조선 초 사이에 국산 약재를 이용한 연구가 활발히 진행되면서 전보다 더 많은 사람들이 의학의 혜택을 누리게 되었지요. 조선 정종 때 편찬된 《향약제생집성방》이라는 의서는 30권에 걸쳐 무려 388개의 증세에 대한 2803개의 처방을 담았어요. 그리고 세종 때 편찬된 《의방유취》는 동양 의학에 관한 모든 지식을 집대성했지요.

한편 학문에 대한 깊이 있는 연구가 이루어지면서 국가 차원의 편찬 사업이 늘어났어요. 이로 인해 인쇄술과 제지술도 발달했지요. 고려 후기에 발명된 금속 활자는 조선 시대를 거치며 더욱 개량되어 1403년에는 계미자가, 1420년에는 경자자가 그리고 1434년에 갑인자가 주조되었어요. 그중에서도 가장 뛰어난 것

역법 천체의 주기적 현상을 기준으로 하여 날짜와 시간을 정하는 방법

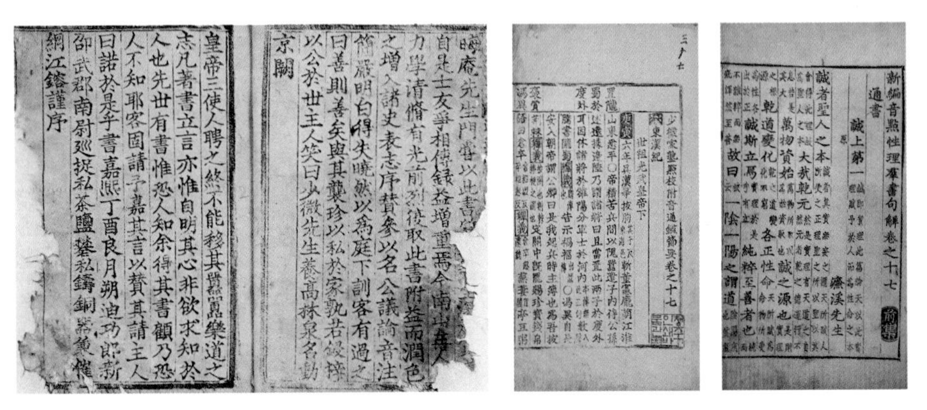

계미자 인쇄물(좌), 경자자 인쇄물(중), 갑인자 인쇄물(우) 조선 시대에는 고려 후기에 발명된 금속 활자를 개량한 계미자, 경자자, 갑인자가 주조되었다.

은 갑인자로, 크기가 고르고 서체가 아름다워 100년이 넘도록 사용되었지요. 당시 인쇄를 전담했던 교서관에는 140여 명의 인쇄공이 소속되어 있었는데 이는 세계에서도 손꼽힐 만한 규모였답니다.

> 인쇄되지 않은 책이 없고, 배우지 않은 사람이 없다.
>
> – 《갑인자발》(변계량)

조선 초기의 학자인 변계량이 《갑인자발》에서 위와 같이 언급한 것처럼 당시에는 출판 사업이 매우 활발하게 일어났어요. 그 영향으로 독서층도 폭넓어졌지요. 또한 출판 시장의 확대로 성리학에 대한 연구도 한층 더 심화되었어요.

조선 시대에는 학문의 발달 못지않게 예술 또한 융성했어요. 양반층을 중심으로 문학, 회화, 공예 등이 발전했지요. 양반은 학문을 연구하고 관직에 오르는 것을 업으로 삼았기 때문에 이들이 누리는 문화에도 이러한 성향이 반영되었어요. 사치나 특이함, 인위적인 멋보다는 자연스럽고 은근한 아름다움이 담겨 있었지요.

조선 시대 문학의 주류는 한문학으로, 이는 양반들이 갖추어야 할 필수적인 소양이었어요. 한시를 짓고 감상하는 것은 양반 생활의 일부이기도 했거든요. 많은 문장가들이 배출되면서 이들의 작품을 모은 문집도 활발하게 편찬되었어요. 1478년에 편찬된 《동문선》은 서거정 등이 성종의 명에 따라 펴낸 시문집으로, 삼국 시대부터 조선 초기까지의 시와 산문을 모은 154권 45책의 방대한 전집이에요. 그 후 《동문선》 이후의 글을 모은 《속동문선》이 1518년에 간행되기도 했지요. 한편 한글의 창제로 국문학도 발달했어요. 이에 따라 최초의 한글 서사

시인 《용비어천가》와 세종이 석가모니의 공덕을 찬양하며 지은 《월인천강지곡》이 탄생했지요.

> 뿌리가 깊은 나무는 바람에 움직이지 아니하므로, 꽃이 좋고 열매가 많으니.
> 샘이 깊은 물은 가뭄에 그치지 아니하므로, 시내가 이루어져 바다까지 가느니.
>
> —《용비어천가》

《용비어천가》에는 기초가 튼튼하고 역사가 깊은 나라로의 번영을 기원하는 내용이 담겨 있어요. 이처럼 조선 초기에는 새 왕조를 찬미하거나 신생 국가의 패기를 강조하는 내용이 담긴 문학 작품이 많았지요.

시와 함께 서예도 양반 사대부가 갖추어야 할 중요한 교양이었어요. 양반들은 왕희지체처럼 중국에서 들어온 필법을 연마하는 한편, 독자적인 서체도 만들었어요. 우리에게 석봉이라는 호로 더 익숙한 한호는 왕희지와 안진경의 필법을 익혀 조선 최고의 서예가가 되었답니다.

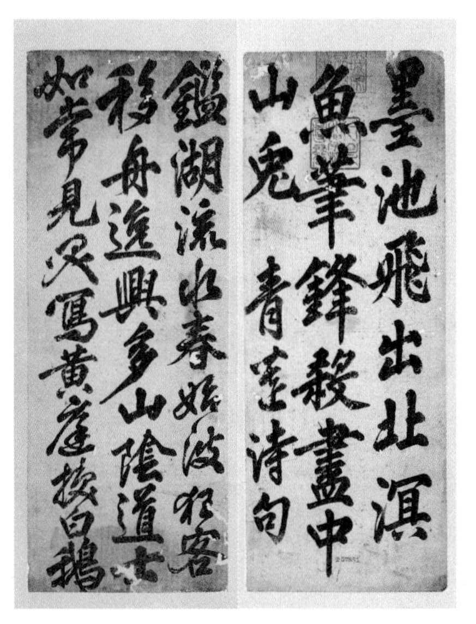

석봉 한호의 글씨 석봉이라는 호로 더 많이 알려진 조선 최고의 서예가 한호의 글씨이다.

전문적인 직업 화가가 아닌, 시인이나 학자와 같은 사대부 계층이 취미 삼아 그리던 문인화도 발달했지만, 당시에는 전문 화가인 화원에 의해 회화의 수준이 한층 더 높아졌어요. 화원은 도화서라는 기관에 소속된 화가로, 왕족이나 대신들의 초상화를 그리고 국가의 여러 행사를 기록화로 남기는 일을 했어요. 조선 초기

〈몽유도원도〉 조선 초기의 화가 안견의 작품으로 비단 바탕에 수묵 담채화로 그렸다.

의 화원 중 가장 명망이 높았던 사람은 안견이었는데, 세종의 셋째 아들인 안평대군의 꿈을 재현해 그렸다는 그의 〈몽유도원도〉는 오늘날에도 최고의 걸작으로 손꼽힌답니다.

불교와 관련되어 있거나 사치스러웠던 고려의 공예와 달리 조선의 공예는 생활필수품이나 양반 사대부의 문방구 등과 관련해 발달했어요. 재료는 나무, 대, 흙, 왕골 등과 같이 흔한 것들을 주로 이용했지요. 조선 초기에는 고려의 청자가 퇴화하고 분청사기가 주로 제작되었는데 분청사기는 청자에 백토로 분을 발라 다시 구워 내 참신하고 소박한 느낌이 났어요. 16세기에 들어서는 백자가 널리 보급되기 시작했는데, 순백의 고상함이 남긴 백자는 양반 사대부의 취향에 꼭 들어맞아 사랑받는 한편 장식이 간결하고 견고해 서민들의 일상생활에도 활용되었답니다.

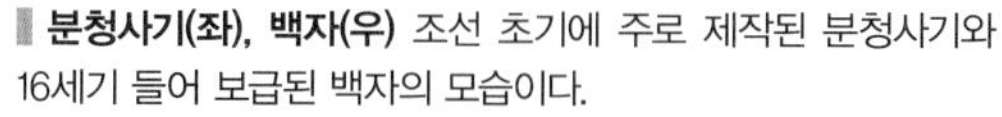

분청사기(좌), 백자(우) 조선 초기에 주로 제작된 분청사기와 16세기 들어 보급된 백자의 모습이다.

성리학의 변화와 실학의 성장

왜란과 호란으로 큰 위기를 겪었던 조선은 혼란한 상황을 수습하기 위해 성리학을 적극적으로 활용했어요. 성리학적 사회 질서를 유지해야 조선이 무사히 지속될 수 있다고 생각했거든요. 하지만 성리학을 절대적으로 신봉하는 사회적 분위기가 계속되면서 문제점이 나타나기 시작했어요. 성리학에 어긋나는 이론은 배척하고, 사회의 현실적인 문제에 관심을 두지 않는 이른바 '성리학 지상주의' 풍조가 생겨난 거예요. 결국 이러한 현상에 반기를 들고 성리학을 비판하거나 성리학 이외의 다른 학문을 모색하는 사람들이 나타났어요.

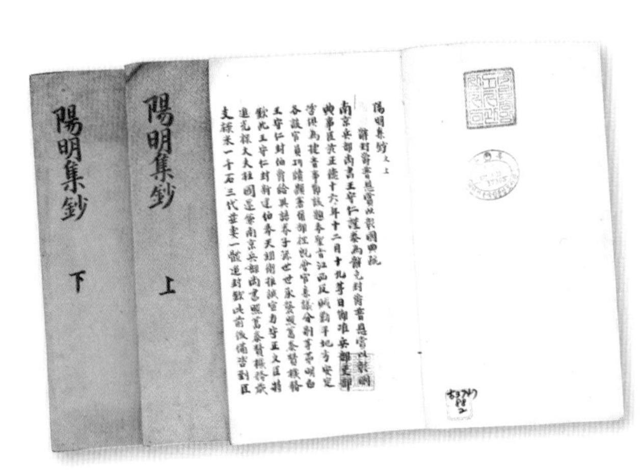

《양명 집초》 황병중이 왕양명의 시문을 선별해 엮은 선집이다.

양명학은 중국 명나라의 왕양명이 완성한 새로운 유교 학설이에요. 조선 중기인 중종 때 전래된 이래 크게 주목받지 못했지만 17세기 후반 이후 성리학의 대안으로 재조명되었지요. 양명학은 지행합일의 실천성을 강조하는 학문으로, 진정한 앎은 행동으로 이어져야 한다고 주장했어요. 독서나 사유 등의 지적 행위를 중시하는 성리학과는 큰 차이가 있었지요.

정제두의 묘 강화학파를 이끈 정제두의 묘. 강화군에 위치해 있다.

처음에 학자들은 성리학을 보완하기 위한 이론으로 양명학을 활용했으나, 차츰 성리학과의 연결 고리를 끊고 양명학 자체를 학문으로 연구하려는 움직임을 보였어요. 강화학파를 이끈 정제두가 대표적인 인물이지요. 하지만 양명학자들은 대부분 힘없는 재야의 학자들이었기 때문에 양명학은 조선 사회에 큰 영향을 미치지 못했어요.

성리학에 대한 비판은 실학의 발생으로 이어졌어요. 실학은 '실제로 활용되는 참된 학문'이라는 뜻으로, 17~19세기 조선에서 등장한 유학의 새로운 흐름을 가리키는 말이에요. 이는 조선 후기의 사회 모순을 수습하려 한 일종의 사회 개혁론이었어요. 실학이 등장할 무렵 조선은 왜란과 호란을 겪으며 다양한 위기를 겪고 있었거든요. 실학은 17세기 초에 처음 등장했으나 18세기 이후 서양의 과학 지식과 청나라의 고증학 등의 영향을 받으며 본격적으로 발전했어요.

실학자들 중 특히 농촌 문제에 관심을 가지고 있던 이들을 중농학파라고 해요. 중농학파 실학자들은 농민 생활의 안정을 중시하며 토지 제도의 개혁을 주장했어요. 당시에는 토지를 집중적으로 소유한 양반이나 일부 부농 때문에 몰락하는 농민들이 많았거든요. 17세기 후반의 중농학파 실학자인 **유형원**은 자신의 저서인 《반계수록》에서 토지의 국유제를 바탕으로 하는 균전론을 제시했어요. 유형원은 균전론을 통해 관리, 선비, 농민 등의 신분에 따라 토지를 지급해 자영농을 육성하고, 이들에게 조세와 군역을 부과하자고 주장했어요. '균전'을 글자 그대로 풀이하면 토지를 고르게 분배한다는 뜻이지만 실제로는 직업에 따른 차등이 있어, 농민 내에서의 균등한 분배를 의미했답니다.

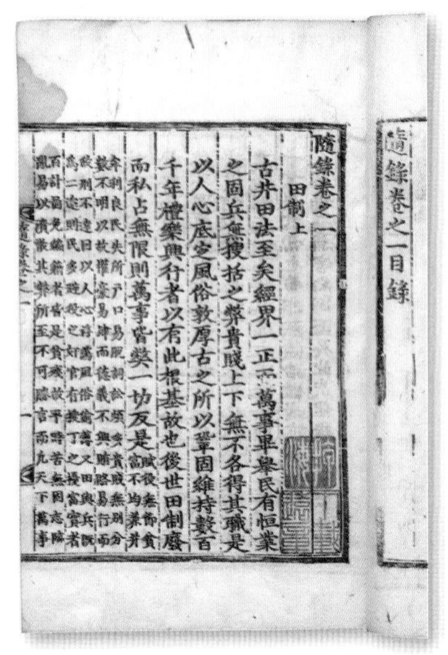
隨錄卷之一
田制上
古井田法至矣經界一正而萬事畢舉民有恒業之固兵無搜括之弊貴賤上下無不各得其職是以人心底定風俗敦厚古之所以鞏固維持數百千年禮樂興行者以有此根基故也後世田制廢而私占無限則萬事皆弊一切反是

《반계수록》 중농학파 유형원이 쓴 책으로 토지 제도의 개혁에 대해 서술하고 있다.

유형원의 주장을 현실성 있게 심화한 것은 이익이었어요. 농촌 사회를 재건하는 일에 관심이 있어 18세기 전반에 《곽우록》이라는 책을 쓰고, **한전론**이라는 토지 제도를 주장했답니다. 균전론이 토지의 국유화를 바탕으로 하고 있어 여건상 시행되기 어려웠던 것과 달리 한전론은 토지의 개인적인 소유를 인정하면서도 점진적으로 토지를 균등하게 분배할 수 있는 이론이었지요.

> 국가에서는 한 집의 생활에 맞추어 재산을 계산해서 소유할 수 있는 면적을 제한하고 그 토지를 1호에 영업전으로 지정해 준다. 영업전으로 제한된 토지 내에서 매매 행위가 있을 때는 엄벌에 처한다. 그러나 그 이외의 전지를 매매하는 것은 허락해 준다.
>
> —《곽우록》

18세기 후반에 정약용은 여전론을 제시했어요. 여전론은 마을 단위로 1여를 정해서 여의 백성이 토지를 공동으로 경작하고, 세금을 뺀 나머지 생산물을 노동량에 따라 분배하자는 내용이었지요. 정약용은 자신의 저서인 《여유당전서》에서 농업에 종사하는 사람만이 토지를 소유해야 한다는 토지 분배 원칙을 바탕으로 개혁론을 주장했어요.

정약용(1762~1836) 조선 후기의 학자. 농업에 종사하는 사람만이 토지를 소유해야 한다는 토지 개혁론을 주장했다.

도시와 상공업이 성장하고 청나라 문화의 영향을 받았던 조선 후기에는, 상공업의 진흥과 기술의 혁신을 통해 부국강병을 도모하려는 실학자들이 나타났어요. 이들을 중상학파라고 하는데, 청나라의 선진 문물을 수용하자고 주장해 북학파라고 불리기도 했지요. 18세기 전반의 중상학파 실학자인 유수원은 나라 살림을 튼튼히 하려면, 농업에 의존하는 태도에서 벗어나 상공업을 발전시켜야 한다고 주장했어요.

> 상공업은 말업이라 하지만 본래 부정하거나 비루한 일은 아니다. …… 스스로의 노력으로 물품 교역에 종사하며 남에게서 얻지 않고 자기 힘으로 먹고 사는 것인데 어찌 천하거나 더러운 일이겠는가?
>
> — 《우서》(유수원)

《열하일기》의 저자이자 중상학파 실학자 중 하나인 박지원은 1780년에 청나라 건륭 황제의 생일을 축하하기 위해 파견했던 외교 사절단에 참여해 세계적

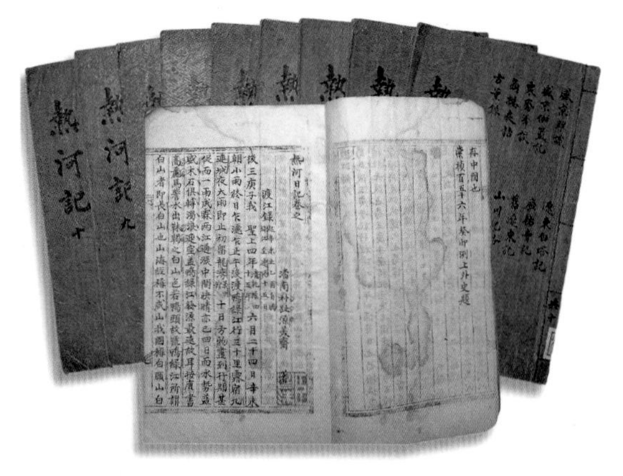

▌《열하일기》 중상학파 실학자 박지원의 저서로, 청나라로 가는 여정을 기록한 기행문이다.

인 대국으로 성장한 청나라의 실상을 목격했어요. 그리고 돌아와 《열하일기》를 썼어요. 박지원은 《열하일기》에 청나라로 가는 여정을 기록한 기행문과 〈허생전〉 등의 단편 소설 그리고 청나라의 신학문에 대한 소개를 수록했어요. 농업 개혁과 함께 상공업 진흥의 중요성을 강조했던 박지원은 청나라의 기술을 적극 수용하자고 주장했답니다.

> 오늘날 사람들이 정말로 오랑캐를 배척하려면 청나라의 제도를 모두 배워서 우리나라 풍속의 단점을 먼저 고쳐야 한다. …… 어느 것이고 배워서 남이 열 가지를 하면 우리는 백 가지를 해, …… 저들의 견고한 갑옷과 날카로운 병기를 격파할 수 있게 된 다음에야 중국에는 볼 만한 것이 없다 해도 좋을 것이다.
>
> – 《열하일기》(박지원)

《북학의》의 저자이자 실학자인 박제가 역시 상공업의 발달을 강조했어요. 양반 집안의 서자 출신으로, 박지원의 제자였던 박제가는 3개월간의 청나라 여행과 1개월간의 연경 시찰 이후 경험한 사실에 자신의 견해를 덧붙여 《북학의》를 완성했어요.

박제가는 신분 차별에 반대하는 선진적인 실학 사상을 주장하는 한편, 청나라와의 무역 강화와 배나 수레의 이용을 권장하며 상공업의 발달을 위한 구체

적인 방안을 제시했어요. 특히 재물을 샘에 비유하며 절약보다는 소비를 권장해 생산을 자극하자는 매우 참신한 생각을 발표하기도 했지요.

> 대체로 재물은 비유하건대 샘과 같다. 퍼내면 차고 버려 두면 말라 버린다. 그러므로 비단옷을 입지 않으면 …… 비단 짜는 산업이 쇠퇴하고, 쭈그러진 그릇을 싫어하지 않으면 …… 도기와 쇠를 다루는 일이 망하게 되며 …….
>
> -《북학의》(박제가)

합리적이고 개혁적인 성격을 지녔던 실학자들의 주장은 19세기 이후에 근대화와 관련된 사상으로 발전하기도 했지만 당시로서는 너무 급진적인 것이라 반발을 사기도 했어요. 그래서 결국은 개인의 학문적 견해로 치부되며 국가의 정책으로는 이어지지 못했지요.

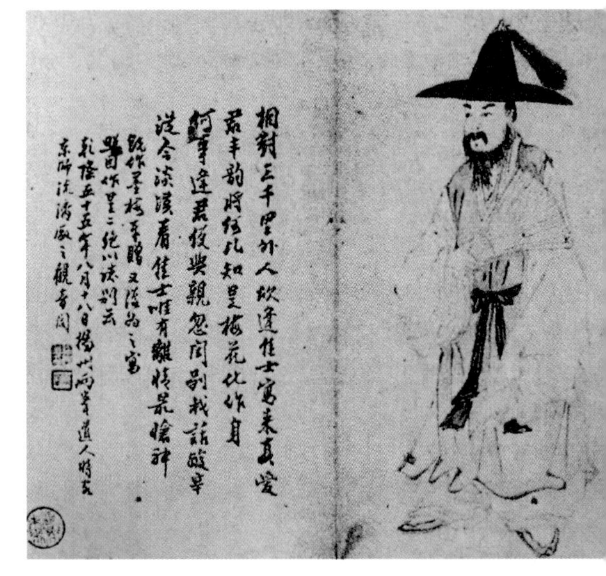

박제가의 초상 박제가가 두 번째로 청나라 여행을 갔을 때 청나라 화가 나빙이 박제가와의 이별을 아쉬워하며 선물한 그림이다.

절정에 이른
조선 후기의 문화

조선 후기에 접어들며 문화에도 새로운 바람이 불기 시작했어요. 실학의 발달과 함께 중국 중심의 세계관에서 벗어나려는 움직임이 나타났고, 생산력의 증대로 문화의 주체가 양반에서 중인과 상민으로 확대되었지요.

실학의 영향으로 우리 문화와 현실에 대한 관심이 높아지면서 우리의 역사와 지리, 글 등에 대한 연구도 활발하게 이루어졌어요. 안정복은 1778년에 단군 조선부터 고려 말기까지의 역사를 다룬 《동사강목》을 편찬하고 책의 서문에 "우리나라 사람은 아무리 훌륭해도 우리나라 사람에서 벗어날 수 없으며, 우리의 역사를 연구하는 것은 중요한 일"이라고 밝혔어요. 이처럼 《동사강목》은 우

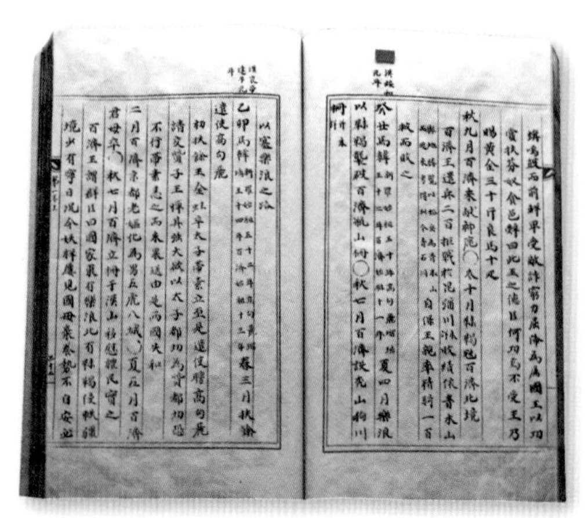

《동사강목》 조선 영조 때 안정복이 편찬한 역사책. 단군 조선부터 고려 말까지의 역사를 다루었다.

리나라 역사의 중요성에 대한 인식을 바탕으로 서술되었지요. 비슷한 시기에 편찬된 한치윤의 《해동역사》와 이긍익의 《연려실기술》 역시 독자적으로 우리의 역사를 체계화한 뛰어난 역사서랍니다.

우리 역사를 체계화하려는 노력은 역사 무대에 대한 관심으로 확대되어 만주 지역 역사에 대한 활발한 연구로 이어졌어요. 유득공의 《발해고》는 이러한 연구를 종합한 책이에요. 유득공은 《발해고》의 서문에서 "신라가 삼국을 통일해 한반도의 남부를 차지했으니 그것을 남국으로, 고구려가 망한 뒤에 그 후예가 그 땅 위에 발해국을 세웠으니 그것을 마땅히 북국으로 하는 역사 체계를 세워야 했다."라고 밝혔어요. 발해를 신라와 대등한 국가로 인정하며 '남북국 시대 역사'를 체계화한 것이었어요.

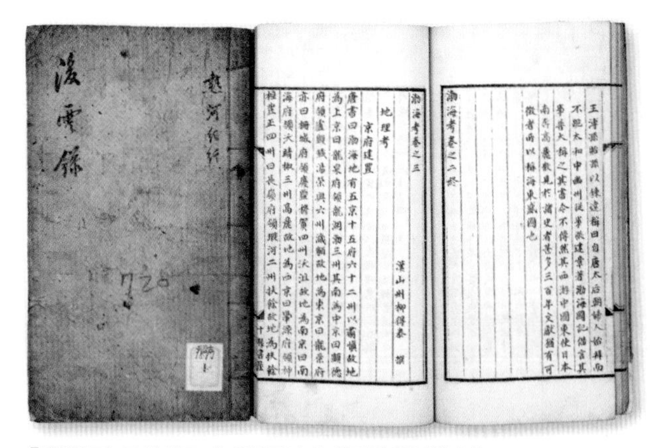

《발해고》 조선 정조 때 유득공이 쓴 발해의 역사책이다.

과거와 미래에 대한 관심이 역사 연구로 이어졌다면, 현재의 생활 공간에 대한 관심은 지리 연구로 나타났어요. 지리지 편찬은 당시 국가의 정책 사업으로써 활발히 진행되었는데, 양난 이후 황폐해진 향촌 사회를 재건하기 위해 꼭 필요한 작업이었기 때문이에요. 성종의 명으로 1481년에 편찬된 《동국여지승람》과 숙종 때 시작해 영조 때 완성된 《여지도서》가 행정적인 목적으로 작성된 대표적인 지리서랍니다.

각 지방의 자연과 풍속, 인심 등의 정보가 실린 민간 지리서도 많이 등장했어

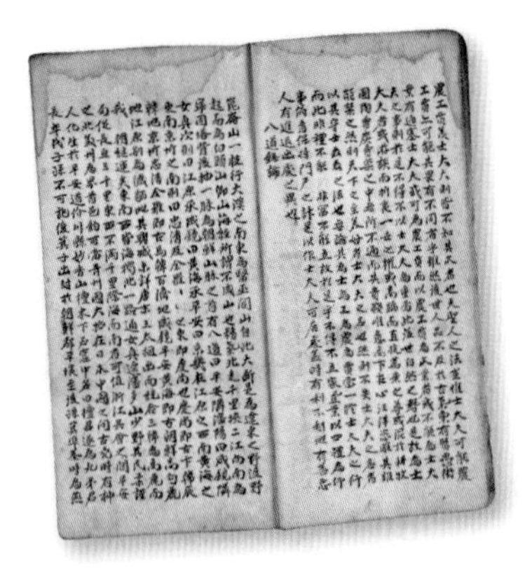

《택리지》 영조 때의 실학자 이중환이 조선 팔도 답사를 통해 편찬했다.

요. 영조 때의 실학자인 이중환은 답사를 통해 얻은 지식을 바탕으로 1751년에 《택리지》를 편찬했는데, 조선 팔도의 특징과 역사적 배경 그리고 해당 지방 출신의 인물 등을 짜임새 있게 서술했답니다.

국방에 대한 관심으로 지도도 제작되었어요. 1861년에 김정호가 제작한 〈대동여지도〉는 가로 3.8미터 세로 6.7미터에 이르는 대형 지도로, 22첩의 목판으로 구성되어 있어요. 당시까지 전해 오던 지도들의 성과와 장점을 종합하여 만든 만큼 산맥, 하천, 포구, 도로망 등이 매우 정밀하게 표기되어 있지요. 실용성 면에서도 뛰어날 뿐 아니라, 판화적인 예술미까지 갖추고 있어 〈대동여지도〉는 조선 시대 최고의 지도로 손꼽힌답니다.

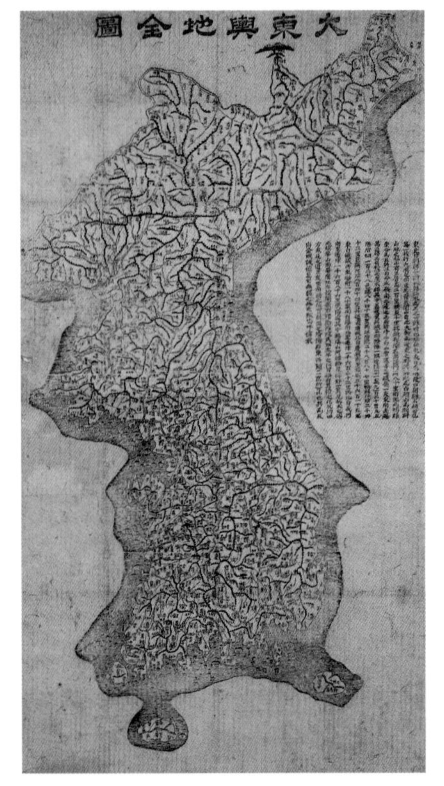

〈대동여지도〉 1861년 김정호가 만든 지도로, 조선 시대 최고의 지도로 꼽힌다.

우리의 말과 글에 대한 관심은 한글을 학문적으로 연구하려는 경향으로 이어졌어요. 지금이야 한글의 우수성이 널리 알려져 있지만, 한글이 처음 만들어졌을 때는 상스러운 글자라는 뜻의 '언문', 여자들만 쓰는 글이라는 뜻의 '암글' 등으로 폄하되어 불리며 널리 사용되지 않았답니다. 하지만 실학자들을 중심으로 한글을 재조명하면서 신경준의 《훈민정음운해》나 유희의 《언문지》 같은 연구물이 잇따라 편찬되었어요. 이 책들은 한글의 기원과 글자 모양 및 음운에 관한 다양한 해석들을 수록하며 한글을 우수성을 다시 한 번 확인해 주었지요.

학문에 대한 새로운 인식의 영향으로 양반의 취향에서 벗어난 문학 경향이 새롭게 등장하기 시작했어요. 역관이나 서리 등의 중인층은 한시를 짓고 즐기는 모임인 시사를 조직해 왕성한 문예 활동을 벌였고, 서민들은 한글 소설이나 사설시조 등을 즐겼지요. 유교 사상을 주로 다루던 종래의 문학과 달리 양반 사회의 문제점이나 서민의 생활상, 솔직한 감정 등 다양한 주제의 작품들이 등장했어요.

> 두꺼비가 파리를 입에 물고 두엄 위에 치달아 앉아
> 건너편 산을 바라보니 하얀 송골매가 떠 있거늘 가슴이 섬뜩해서
> 풀쩍 뛰어 내닫다가 두엄 아래로 넘어져 나뒹굴었구나.
> 다행히도 날랜 나이기에 망정이지 멍이 들 뻔했구나.

작자 미상의 이 사설시조는 백성을 파리로, 하급 관리를 두꺼비로 그리고 고위 관리를 송골매로 빗대어 풍자하고 있어요. 글자 수에 제한을 받지 않아 형식이 자유로운 데다 솔직하고 익살스러운 상황 묘사가 재미있지요. 이처럼 대중적인 문화가 발달하면서 서민을 비롯해 많은 사람들이 함께 즐길 수 있는 판소리와 탈춤 등이 유행하기도 했어요.

새로운 경향은 미술 분야에서도 나타났어요. 우리나라에 실재하는 자연 경관을 소재로 하는 진경 산수화가 유행하기 시작했지요. 이전까지 조선에서는 중국의 화집을 보고 잘 따라 그린 것을 훌륭한 그림으로 인정했어요. 하지만 자주의식이 높아지고 시대 상황이 변하면서 우리 것의 가치를 재인식하게 되었지요.

금강산과 강원도 그리고 한양 근교의 경관 등이 진경 산수화의 소재로 자주 등장했는데, 정선이 남긴 〈금강전도〉와 〈인왕산도〉는 진경 산수화의 진면목을 볼 수 있는 작품들이랍니다.

미술 분야에서 나타난 또 다른 특징으로 풍속화의 유행을 꼽을 수 있어요. 풍속화란 사람들의 일상생활과 풍습을 소재로 한 그림으로, 김홍도와 신윤복의 작품이 대표적이에요. 김홍도는 정조의 각별한 사랑을 받았던 도화서 화원이었어요. 조선 후기의 문인인 강세황은 그를 보고 "못 그리는 것이 없다. 옛날의 대화가들과 비교해도 필적할 만한 자가 없다."라고 칭찬했을 정도이지요. 뛰어난 그림 솜씨를 지녔던 김홍도는 농촌 서민들의 생활상을 해학적이고도 활기차게 표현했어요.

〈금강전도〉 조선 중기의 화가 정선이 그린 실경 산수화이다. 금강산 일만이천봉을 독창적으로 표현했다.

신윤복 역시 김홍도와 같은 시기에 활약한 화가로, 도화서 화원이었던 아버지의 뒤를 이어 그림을 그렸어요. 김홍도가 서민층의 소탈한 풍속을 주로 그린 것과 달리 신윤복은 양반층의 풍류나 부녀자의 풍속, 향락적인 생활 등을 주로 그렸지요. 일설에 의하면 신윤복은 성리학 이념에 어긋나는 소재인 남녀 간의 연애를 즐겨 그려 도화서에서 쫓겨났다고 해요.

17~18세기에는 그동안 축적된 전통 기술 위에 중국에서 들여온 서양 문물이 더해지면서 과학과 기술이 크게 발전했어요. 지구가 둥글다는 인식이 널리 퍼지고, 자전 현상에 대한 이해도 이

〈단오풍정〉 조선 후기의 풍속화가 신윤복의 작품으로 단옷날 그네를 타러 나온 여인들과 냇물에 몸을 씻는 여인들을 묘사했다.

〈점심〉 조선 후기의 화가 김홍도의 작품으로 노동 후 점심을 먹는 평민들의 모습을 담았다.

루어졌지요. 고대 그리스의 수학자인 유클리드가 지은 《기하학 원론》을 설명한 《기하원본》이 중국에서 들어오는 등 수학이 근대적인 학문으로 발달하기도 했답니다.

의학 분야에서도 변화가 나타났어요. 허준은 《동의보감》을 통해 우리의 전통 의학을 체계화했고, 정약용은 천연두를 예방하기 위해 서양 의술인 종두법을 처음으로 소개했지요.

이처럼 양난 이후 사회적인 변화와 맞물려 문화계에 불어 온 새로운 경향은 조선에 활기를 불어넣었어요. 그리고 조선을 뛰어넘어 새로운 사회로 나아가려는 개혁 의식을 자극하기도 했답니다.

새로운 종교의 등장과 농민 봉기

19세기에는 세도 정치로 인해 정치 기강이 문란해졌어요. 지배층의 수탈로 백성들의 삶은 갈수록 어려워졌고, 해안가에는 이양선이 자주 나타나 불안감을 조성했지요. 사람들은 혼란스러운 상황에서 안정을 찾기 위해 새로운 목소리에 귀를 기울이기 시작했어요. 각종 암시와 예언 사상이 난무하는 가운데, 가장 널리 유행한 것은 《정감록》이었지요. 조선 정부는 이씨 왕조가 끝나고 정씨가 새로운 왕조를 개창한다는 내용이 담겨 있던 이 책을 불태우고 소지를 금했어요. 하지만 이미 퍼질 대로 퍼져 책의 내용에 따라 정씨 성을 가진 사람이 반란을 일으키

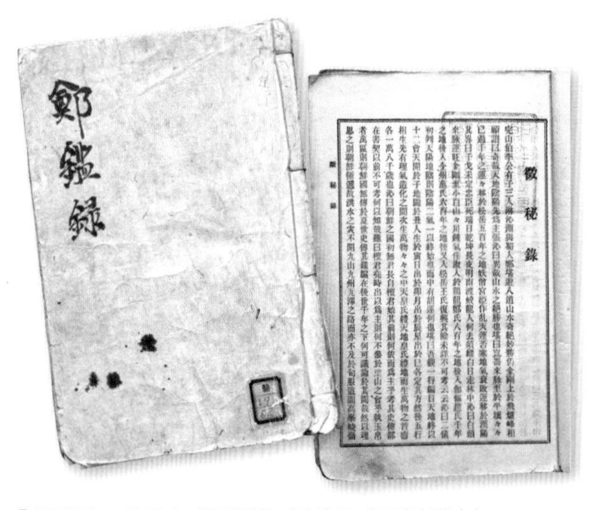

《정감록》 조선 중기 이후 유행한 예언서 중 대표적인 책이다.

는 경우도 생겨났지요.

불교의 한 종류인 미륵 신앙 역시 불안한 사회 분위기 속에서 크게 번성했어요. 사람들은 어지러운 시대에 나타나 백성들을 구원해 준다는 미륵보살의 강림을 간절하게 기원했지요. 미륵 신앙은 구원 사상의 성격을 바탕으로 사회가 혼란할 때마다 하층민을 중심으로 넓게 퍼졌어요. 실제로 실현될 가능성은 없었지만, 현실성 여부와 관계없이 불안하고 힘들었던 민중들의 정신적인 돌파구가 되어 주었지요.

이처럼 종교에 기대고자 했던 민중들의 염원은 외래 종교인 천주교의 수용으로도 이어졌어요. 우리나라에 천주교가 처음으로 소개된 것은 17세기 초, 명나라에 다녀온 조선의 사신이 천주교 서적을 들여오면서부터였어요. 그러나 당시 천주교는 서학이라 불리며 서양 문물의 하나로 여겨졌을 뿐, 종교로 수용되는지 않았지요. 천주교가 종교적 성격을 띠게 된 것은 18세기 후반으로, 일부 실학자들을 중심으로 신앙 운동이 일어나면서부터였어요. 1783년에 연경에 다녀온 이승훈이 서양인 신부에게 세례를 받고 돌아온 일을 계기로 신앙의 열기는 더욱 고조되었지요.

그러나 천주교의 교리는 유교의 의례와 부딪히는 면이 적지 않았어요. 천주교에서 조상에 대한 제사를 금지하고, 가부장적 가족주의나 신분 제도를 부정하는 점이 문제가 되었거든요. 이는 성리학에 기반을 둔 조선 사회의 이념 자체를 흔들 수도 있는 위협적인 내용이었어요. 처음에는 다소 방관적인 입장을 취하던 조선 정부는 점차 천주교가 교세를 늘리자 금지령을 내리며 본격적인 경계 태세에 돌입했어요. 1801년에 우리나라 최초의 세례 교인인 이승훈을 비롯해 약 300명의 신도가 처형되고 수많은 사람들이 유배를 떠난 신유박해는 천주교에 대한 정부의 가혹한 탄압을 보여 주는 대표적인 사례예요.

요즘 들리는 바에 따르면 옳지 못한 학문이 한양과 경기 및 충청 지방에서 날로 융성한다고 한다. …… 옳지 못한 학문은 아비도 없고 임금도 없어 인륜을 그르치고 가르침을 어겨 스스로 오랑캐나 짐승이 되도록 한다. 어리석은 백성들이 이에 물들고 속아 마치 어린아이가 우물에 빠지듯 하니 이 어찌 불쌍하고 마음 아픈 일이 아니겠는가.

─《순조실록》

천주교가 급속히 퍼지던 19세기 중엽에 농촌에서는 새로운 민중 종교가 생겨나고 있었어요. 1860년에 최제우가 창시한 동학은, 양반 중심의 유교 사상과 외래 종교인 천주교에 대항하는 사회 개혁적 성격을 지닌 종교였지요. 동학은 '사람이 곧 하늘'이라는 인내천 사상을 기본으로 조선의 신분 질서를 부정하고 모든 인간이 평등하다고 주장했어요.

최제우(1824~1864) 사회 개혁적 성격을 지닌 종교 동학의 창시자이다.

"사람이 곧 하늘이니라. 그러므로 사람은 평등하며 차별이 없나니 사람이 마음대로 귀천을 나눔은 하늘을 거스르는 것이다."

─제2대 교주인 최시형의 최초 설법 내용 중

동학은 유교, 불교, 도교의 장점을 취하고, 질병의 치료나 예언 사상 등 당시 유행하던 민간 신앙의 요소까지도 두루 흡수했어요. 종합적인 성격을 바탕으로 동학의 교세는 빠르게 확장되었지요.

동학 이야기는 거의 하루도 듣지 않는 날이 없으며, 경주 근처 읍들은 동학의 믿음이 더욱 심해 동네의 아낙네나 산골의 어린애도 그 주문을 외우지 않은 이가 없다.

—《비변사등록》

동학의 교세가 크게 확장되면서 조선 정부와 양반들의 우려도 커졌어요. 동학이 기존의 성리학적 질서를 무너뜨릴까봐 경계했던 것이지요. 조정에서는 교조 최제우 등을 체포하고 •혹세무민의 죄를 씌워 1864년에 처형했어요. 이 일로 동학의 교세는 잠시 주춤하는 듯했으나, 2대 교주인 최시형이 등장하면서 이전보다 세력이 더욱 크게 확대되었답니다. 동학의 교세 확장은 1894년에 발생한 대규모 농민 봉기의 중요한 기반이 되었지요.

불안정한 사회 분위기 속에서 새로운 종교에 의지해 위안을 얻으려던 사람들과 달리 농민 봉기라는 적극적인 방법으로 부조리한 현실에 맞서려 한 사람들도 있어요. 그중 가장 대표적인 것이 1811년 평안도에서 일어난 **홍경래의 난**이랍니다.

몰락한 양반 출신인 홍경래는 중소 상공인, 광산 노동자, 가난한 농민 등과 힘을 모아 지방 차별과 조정의 부패에 항거하기 위해 힘차게 봉기했어요.

예로부터 관서 지역은 벼슬아치가 많이 나오고 문물이 발전한 곳이다. 그러나 조정에서는 이곳을 더러운 흙과 같이 여겨 노비들마저 이곳 사람을 평안

혹세무민 세상을 어지럽히고 백성을 미혹하게 하여 속임

▌**〈순무영진도〉** 홍경래의 난을 진압하기 위해 파견된 순무영군과 봉기군이 대치하고 있는 모습이 그려져 있다.

도 놈이라 일컫는다. 지금 나이 어린 임금이 위에 있고 간신배가 날로 성해 권력을 마음대로 휘두르니 이곳 관서에서 병사를 일으켜 백성들을 구하고자 한다.

– 홍경래 격문

평안도 지역은 광산이 많고 대외 무역이 활발해 다른 지역에 비해 상대적으로 부유했으나 오히려 이러한 발전 때문에 중앙 정부로부터 많은 수탈을 당했어요. 오랫동안 쌓여 온 불만에 10년간의 치밀한 준비 과정이 더해진 만큼, 홍

경래의 봉기군은 그 위세가 대단했지요. 하지만 정부군의 강경한 진압으로 봉기는 4개월 만에 실패하고 말았어요.

백성들의 봉기에도 삼정의 문란 등 관리들의 부정부패와 지배층의 과도한 수탈은 시정되지 않았어요. 오히려 잔인한 보복으로 농민들을 위협했지요. 결국 홍경래의 난이 일어나고 약 50년 뒤인 1862년 2월에 경상도 진주 지방을 시작으로 전국 규모의 농민 봉기가 발생했어요. 가렴주구에 못 이긴 진주 농민들은 유계춘의 주도 아래 "탐관오리들이 훔쳐 먹은 환곡을 백성들에게 거두지 말라."는 구호를 외치며 일어났지요.

유계춘은 가난한 양반의 후손으로 농민의 사정을 잘 알고 있던 인물이었어요. 농민 봉기를 계획하고 준비하는 과정에서 체포되기도 했지만 사회 모순을 해소하기 위해 끝까지 포기하지 않았지요. 봉기군은 관아를 부수고 농민을 괴롭히던

양반과 부민들을 습격했어요.

> 임술년 2월 19일, 진주민 수만 명이 머리에 흰 수건을 두르고 손에는 나무 몽둥이를 들고 무리를 지어 진주 읍내에 모여 가옥 수십 호를 불사르고 부숴서, 그 움직임이 결코 가볍지 않았다. …… 본 고을의 이방 김정구는 기회를 틈타 도망쳤으나, 이튿날 수색 끝에 붙잡혀 두들겨 맞고 불에 타서 죽었다.
>
> –《임술록》

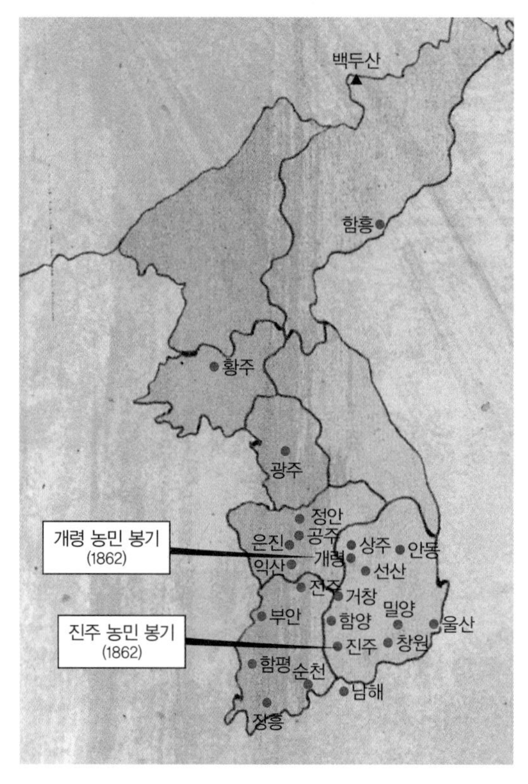

임술 농민 봉기의 상황도

진주 농민들은 열흘 정도의 항쟁 이후 스스로 해산했으나, 이것이 도화선이 되어 임술년 한 해 동안에만 전국 70여 곳에서 봉기가 일어났어요. 놀란 정부는 암행어사와 안핵사 등 중앙 관리를 파견해 민심을 진정시키고, 삼정이정청이라는 임시 기구를 두어 삼정의 문란을 개선하려 했어요. 그 결과 민심은 다소 누그러졌지만, 근본적인 해결책이 되지는 못했지요. 농민들의 사회의식이 날로 성장하면서 항쟁과 봉기의 거센 불길은 쉽게 사그라지지 않았습니다.

조선에 온 서양인들

조선과 서양의 문물 교류는 중국을 통해 이루어지는 경우가 대부분이었어요. 하지만 때로는 조선에 들어온 서양인과 직접 문물을 교류하는 경우도 있었지요. 네덜란드 출신의 벨테브레이와 하멜이 그 주인공이에요.

1627년 어느 날, 제주도 앞바다에 큰 키와 노랑머리를 한 벨테브레이가 두 명의 동료와 함께 나타났어요. 그들은 네덜란드 출신의 선원들로, 일본으로 향하던 중 풍랑을 만나 가까스로 제주도에 닿았지요. 수상한 용모와 행동은 곧 조선 관헌의 눈에 띄었고, 그들은 한양으로 압송되었어요. 한양에서 그들은 오군영의 하나인 훈련도감에 배치되어 전술을 가르치고 대포를 제작하는 일을 담당하게 되었어요. 이후 벨테브레이는 조선 여자와 결혼하고 조선에 귀화했어요. '박연'이라는 우리식 이름도 지었지요. 벨테브레이 일행은 1636년에 병자호란이 일어나자 훈련도감 소속으로 전쟁에 참여하기도 했답니다.

1653년, 제주도에 또다시 서양인이 나타났어요. 네덜란드 출신의 하멜과 그 일행으로, 이들 역시 일본의 나가사키로 향하던 도중 태풍을 만나 제주도에 표류하게 되었지요. 하멜과 그 일행은 곧 체포되어 한양에서 내려온 박연에게 조선의 풍속과 말을 배웠어요. 하멜 일행은 자신들을 본국으로 송환해 달라고 요청했지만 하멜 일행이 북벌을 위한 무기 개발에 도움이 될 것이라고 기대한 조선 정부는 이들의 송환 요청을 무시하고 훈련도감에서 근무할 것을 명령했어요. 그리고 몇 년 뒤 이 사실이 청나라에 알려질까 봐 두려워진 정부는 이들을 전라도로 보냈지요. 전라도에서 생활고에 시달리던 하멜 일행은 1666년에 일본으로 탈출하는데 성공했어요.

1668년에 간행된 《하멜표류기》에 실린 목판화

1668년에 마침내 고국인 네덜란드로 돌아간 하멜은, 13년의 억류 생활 동안 겪은 일과 조선의 문물을 기록한 《하멜표류기》를 발표했어요. 사실 《하멜표류기》는 자신과 동료들이 받지 못한 임금을 조선 정부에 청구하기 위해 작성한 보고서였어요. 하지만 미지의 땅인 조선에 대한 호기심과 함께 교역을 통한 경제성에 주목한 유럽 인들 사이에서 이 책은 선풍적인 인기를 끌었답니다.

찾아보기

ㅇ

술술 한국사 연표

1권

선사 시대 / 고조선

약 70만 년 전	구석기 문화가 시작되다
8000년 경	신석기 문화가 시작되다
2333	고조선이 건국되다
2000~1500년 경	청동기 문화가 보급되다
400년 경	철기 문화가 보급되다
194	위만이 고조선의 왕이 되다
108	고조선이 멸망하고, 한 군현이 설치되다
57	신라가 건국되다
37	고구려가 건국되다
18	백제가 건국되다

B.C.
A.D.

삼국 시대

194	고구려, 진대법을 실시하다
260	백제, 16관등과 공복을 제정하다

300

313	고구려, 낙랑군을 멸망시키다
372	고구려에 불교가 전래되다
	백제, 동진에 사절을 보내다
384	백제에 불교가 전래되다

400

405	백제, 일본에 한학을 전하다
427	고구려, 수도를 평양으로 옮기다
433	나·제 동맹이 성립되다

500

502	신라, 소를 이용해 농사를 짓기 시작하다
503	신라, 국호와 왕호를 정하다
520	신라, 율령을 반포하고, 백관의 공복을 제정하다
528	신라, 불교를 인정하다
536	신라, 연호를 사용하다
538	백제, 도읍을 사비성으로 옮기다
545	신라, 국사를 편찬하다
552	백제, 일본에 불교를 전하다

600

612	고구려, 살수 대첩이 일어나다
624	고구려, 당으로부터 도교가 들어오다
645	고구려, 안시성 싸움에서 승리하다
647	신라, 첨성대를 세우다
660	백제가 멸망하다
668	고구려가 멸망하다
676	신라, 삼국을 통일하다
682	국학을 세우다
687	9주 5소경이 설치되다
698	발해가 건국되다

통일 신라

		700
722	정전을 지급하다	
751	불국사와 석굴암을 고쳐서 다시 짓다	
788	독서삼품과를 설치하다	
		800
828	장보고가 청해진을 설치하다	
834	백관의 복색 제도를 시행하다	
888	삼대목을 편찬하다	
		900
900	견훤이 후백제를 건국하다	
901	궁예가 후고구려를 건국하다	
918	왕건이 고려를 건국하다	
926	발해가 멸망하다	
935	신라가 멸망하다	

2권

936	고려, 후삼국을 통일하다	
956	노비안검법을 실시하다	
958	과거제를 실시하다	
976	전시과를 실시하다	
983	전국에 12목을 설치하고, 3성 6부를 정하다	
992	국자감을 설치하다	
996	철전(건원중보)을 만들다	
		1000
1009	강조의 정변이 일어나다	
1019	귀주 대첩이 일어나다	
1076	전시과를 고치고, 관제를 개혁하다	
		1100
1102	해동통보를 만들다	
1107	윤관이 여진을 정벌하다	
1126	이자겸의 난이 일어나다	
1135	묘청의 서경 천도 운동이 일어나다	
1145	김부식이 삼국사기를 편찬하다	
1170	무신정변이 일어나다	
1174	정중부가 중방 정치를 하다	
1196	최충헌이 집권하다	
1198	만적의 난이 일어나다	
		1200
1231	몽골이 제1차 침입을 하다	
1232	수도를 강화도로 옮기다	
1234	금속 활자로 상정고금예문을 간행하다	
1236	고려 대장경을 새기다(~1251)	
1270	수도를 다시 개경으로 옮기다 삼별초의 대몽 항쟁이 일어나다	
1274	여·원의 제1차 일본 정벌이 일어나다	
		1300

통일신라 / 발해 / 고려 시대

1304	안향의 주장으로 국학에 대성전을 세우다
1314	만권당을 설치하다
1359	홍건적이 침입하다(~1361)
1363	문익점이 원에서 목화씨를 가져오다
1376	최영이 왜구를 정벌하다
1377	최무선이 화약 무기를 제조하다(화통도감 설치)
	직지심체요절을 인쇄하다
1388	위화도 회군을 하다
1389	박위가 쓰시마 섬을 토벌하다

고려 시대

3권

1392	고려가 멸망하고, 조선이 건국되다
1394	수도를 한양으로 옮기다

1400

1403	주자소를 설치하다
1411	한양에 5부 학당을 설치하다
1413	조선 8도의 지방 행정 조직을 완성하다
	호패법을 실시하다
	태조실록을 편찬하다
1416	4군을 설치하다(~1443)
1418	세종이 왕위에 오르다
1420	집현전을 확장하다
1434	6진을 설치하다(~1449)
1441	측우기를 제작하다
1443	훈민정음을 창제하다
1446	훈민정음을 반포하다
1466	직전법을 실시하다
1485	경국대전을 완성하다

1500

1510	3포 왜란이 일어나다
1543	백운동 서원을 세우다
1555	을묘왜변이 일어나다
1592	임진왜란, 한산도 대첩이 일어나다
1593	행주 대첩이 일어나다

1600

1608	경기도에 대동법을 실시하다
1610	동의보감이 완성되다
1623	인조반정이 일어나다
1624	이괄의 난이 일어나다
1627	정묘호란이 일어나다
1631	정두원이 명에서 천리경, 자명종, 화포 등을수입하다
1636	병자호란이 일어나다
1645	소현세자가 청에서 과학 서적, 천주교 서적 등을 수입하다
1653	하멜, 바다에서 떠다니다가 제주도에 도착하다
1658	제2차 나선 정벌이 일어나다

조선 시대

1659	호서 지방에 대동법을 실시하다
1678	상평통보를 만들다
1693	안용복, 독도에서 일본인을 쫓아내다

1700

1708	전국적으로 대동법을 실시하다
1712	백두산정계비를 세우다
1725	탕평책을 실시하다
1750	균역법을 실시하다
1763	고구마가 전래되다
1776	규장각을 설치하다
1784	이승훈 천주교를 전도하다
1785	대전통편을 완성하다
1786	서학을 금지하다

1800

1801	신유박해가 일어나다
1811	홍경래의 난이 일어나다
1831	천주교 조선 교구가 설치되다
1839	기해박해가 일어나다
1860	최제우가 동학을 창시하다
1861	김정호가 대동여지도를 만들다

4권

1863	고종이 왕위에 오르다
	흥선 대원군이 집권하다
1865	경복궁을 고쳐 짓다(~1872)
1866	병인박해, 병인양요가 일어나다
1871	신미양요가 일어나다
1875	운요호 사건이 일어나다
1876	강화도 조약이 체결되다
1879	지석영이 종두법을 실시하다
1882	임오군란이 일어나다
	미국, 영국, 독일 등과 통상 조약을 체결하다
1883	한성순보가 발간되다. 태극기를 사용하다
1884	우정국이 설치되다. 갑신정변이 일어나다
1885	서울·인천 간 전신이 개통되다. 광혜원을 설립하다
1886	이화 학당이 설립되다
1889	함경도에 방곡령을 실시하다
1894	동학 농민 운동, 갑오개혁이 일어나다
1895	을미사변이 일어나다
	유길준, 서유견문을 짓다
1896	아관 파천이 일어나다
	독립신문이 발간되고, 독립 협회가 설립되다
1897	대한 제국이 성립되다
1898	만민 공동회가 개최되다
1899	경인선을 개통하다

1900

조선 시대

대한 제국

1902	서울·인천 간 장거리 전화를 개통하다	대한제국
1903	YMCA가 발족되다	
1904	한·일 의정서를 맺다	
1905	경부선을 개통하다	
	을사늑약을 체결하다	
	천도교가 성립되다	
1907	국채 보상 운동이 일어나다. 헤이그 특사를 파견하다	
	고종 황제가 퇴위하다. 신민회를 설립하다	
1909	안중근, 이토 히로부미를 죽이다	
1910	주권을 빼앗기다	

5권

1912	토지 조사령을 공포하다	일제강점기
1914	대한 광복군 정부가 수립되다	
1916	박중빈이 원불교를 창시하다	
1919	3·1 운동이 일어나다	
	대한민국 임시 정부가 수립되다	
1920	김좌진이 청산리 대첩에서 크게 승리하다	
	〈조선일보〉 〈동아일보〉가 창간되다	
1922	어린이날을 제정하다	
1926	6·10 만세 운동이 일어나다	
1927	신간회를 조직하다	
1929	광주 학생 항일 운동이 일어나다	
1932	이봉창, 윤봉길이 의거하다	
1933	한글 맞춤법 통일안을 제정하다	
1934	진단 학회를 조직하다	
1936	손기정, 베를린 올림픽에서 마라톤 우승하다	
1938	한글 교육이 금지되다	
1940	민족 말살 정책을 강화하다. 한국광복군이 결성되다	
1942	조선어 학회 사건이 일어나다	

6권

1945	8월 15일에 나라가 해방되다	대한민국
1947	유엔 한국 임시 위원단을 구성하다	
1948	5·10 총선거가 실시되다	
	대한민국 정부가 수립되다	
1950	6·25 전쟁이 일어나다	
1953	휴전 협정이 이루어지다	
	제1차 통화 개혁을 실시하다	
1957	우리말 큰사전이 완간되다	
1960	4·19 혁명이 일어나다	
	장면 내각이 성립되다	
1961	5·16 군사 정변이 일어나다	
1962	제1차 경제 개발 5개년 계획을 실시하다(~1966)	

1963	박정희 정부가 성립되다
1965	한·일 협정을 조인하다
1966	한·미 행정 협정을 조인하다
1967	제2차 경제 개발 5개년 계획을 실시하다(~1971)
1968	1·21 사태가 일어나다
1970	새마을 운동이 시작되다. 경부 고속 국도를 개통하다
1972	제3차 경제 개발 5개년 계획을 실시하다(~1976) 7·4 남북 공동 성명을 발표하다. 남북 적십자 회담을 개최하다 10월 유신이 일어나다
1973	6·23 평화 통일을 선언하다
1974	북한 땅굴을 발견하다
1976	판문점 도끼 만행 사건이 일어나다
1977	제4차 경제 개발 5개년 계획을 실시하다(~1981)
1978	자연 보호 헌장을 선포하다
1979	10·26 사태가 일어나다
1980	5·18 민주화 운동이 일어나다
1981	전두환 정부가 출범하다
1983	KAL기 피격 참사, 아웅산 사건이 일어나다 KBS, 이산가족 찾기 TV 생방송을 하다
1985	남북 고향 방문단의 상호 교류가 이루어지다
1986	서울 아시아 경기 대회를 개최하다
1987	6월 민주 항쟁이 일어나다
1988	한글 맞춤법이 고시되다. 노태우 정부가 출범하다 제24회 서울 올림픽 대회를 개최하다
1989	동구권 국가와 수교하다
1990	소련과 국교를 수립하다
1991	남북한이 유엔에 동시 가입하다
1992	중국과 국교를 수립하다
1993	김영삼 정부가 출범하다
1994	북한, 김일성이 사망하다 정부 조직을 개편하다
1995	지방 자치제를 실시하다 한국, 유엔 안보리 비상임 이사국에 뽑히다
1996	경제 협력 개발 기구(OECD)에 가입하다
1998	김대중 정부가 출범하다
2000	남북 정상 회담, 6·15 남북 공동 선언을 하다 아시아·유럽 정상 회의(ASEM)를 개최하다
2002	한·일 월드컵 대회를 개최하다 제14회 부산 아시아 경기 대회를 개최하다
2003	노무현 정부가 출범하다
2005	아시아·태평양 경제 협력체(APEC) 정상 회의를 개최하다
2006	수출 3000억 달러를 돌파하다
2007	반기문, 유엔 사무총장에 취임하다 제2차 남북 정상 회담을 개최하다
2008	이명박 정부가 출범하다
2013	박근혜 정부가 출범하다

대한민국

2000

참고 문헌

뿌리 깊은 역사 샘이 깊은 이야기 4, 김돈, 솔, 2002

뿌리 깊은 역사 샘이 깊은 이야기 5, 김종수, 솔, 2002

조선과학 인물열전, 김호, 휴머니스트, 2003

다시 찾는 우리 역사, 한영우, 경세원, 2004

한국사통론, 변태섭, 삼영사, 2006

조선 양반의 일생, 규장각한국학연구원, 글항아리, 2009

조선 전문가의 일생, 규장각한국학연구원, 글항아리, 2010

미래를 여는 한국의 역사 3, 권내현 외 3인, 웅진지식하우스, 2011

살아 있는 한국사 교과서 1, 전국역사교사모임, 휴머니스트, 2012

한국사 22, 24, 25, 29, 33, 34, 35, 36, 국사편찬위원회, 국사편찬위원회, 2013

사진 출처

권태균 14p(태조 이성계), 18p(수선 전도_서울학연구소), 19p(조선경국전), 20p(세종 대왕), 22p(삼강행실도), 23p(경국대전), 27p(관찰사 부임도_국립중앙박물관), 29p(성균관 명륜당), 35p(청령포), 36p(인조무인사초_규장각), 37p(연산군의 묘), 40p(조광조의 묘), 45p(전족으로 변형된 중국 여인들의 발 모양), 48p(연행도_숭실대학교), 51p(청나라의 태조 누르하치), 53p(도요토미 히데요시), 55p(조총), 56p(한산해전도, 이순신), 57p(곽재우), 61p(양수투항도), 63p(남한산성), 64p(삼전도비), 68p(조선통신사행렬도), 76p(탕평비), 81p(철종의 초상화_국립고궁박물관), 84p(부산진 순절도_국립진주박물관), 89p(농사직설, 금양잡록), 90p(누숙경직도_국립중앙박물관), 91p(대장간_삼성문화재단), 93p(보부상), 95p(수세패), 96p(제주도에 부과된 각종 공물), 104p(대동법 시행 기념비), 107p(담배 썰기_삼성문화재단), 113p(오늘날의 오사카), 118p(노비 매매 문서), 119p(노상현알), 120p(호구 단자), 121p(호패), 122p(평생도_국립중앙박물관), 125p(약연), 128p(농부 점심 먹고), 129p(벼타작_삼성문화재단), 131p(기와이기_삼성문화재단), 133p(신윤복의 풍속화, 김준근의 풍속화_국립중앙박물관), 134p(앙부일구, 혼천의), 135p(자격루), 137p(자리짜기_삼성문화재단), 138p(공명첩), 143p(중국에서 사용된 부정행위용 속옷), 146p(정도전), 149p(도산 서원, 자운 서원), 150p(가묘), 153p(훈민정음 해례본), 153p(천상열차분야지도_국립고궁박물관), 154p(계미자 인쇄물, 경자자 인쇄물, 갑인자 인쇄물), 156p(석봉 한호의 글씨), 157p(몽유도원도_해외소장한국문화재도록), 157p(분청사기, 백자), 158p(양명 집초), 159p(강화군에 위치한 정제두의 묘), 160p(반계수록), 161p(정약용), 162p(열하일기), 163p(박제가의 초상), 164p(동사강목), 165p(발해고), 166p(택지리, 대동여지도), 169p(정선의 〈금강전도〉), 169p(김홍도의 〈점심〉_삼성문화재단, 신윤복의 〈단오풍정〉_국립중앙박물관), 170p(정감록), 172p(최제우), 174p(순무영진도), 179p(1668년에 간행된 《하멜표류기》에 실린 목판화)